어린이 법학도, 법기관에서 정의를 만나다

어린이 법학도, **법 기관**에서 **정의**를 만나다

이순혁 글 | 심윤정 그림

사계절

차례

머리말 6

1 ★ 이것이 법이다
법은 인간을 믿지 않는다 10
법과 권력의 힘겨루기 13
왕을 굴복시킨 문서, '마그나 카르타' 18
춘향이와 삼권분립 24

2 ★ 법을 다루는 법 기관

(1) 국회
법률을 만드는 국회의원 30
까다로운 세 번의 고개 35
대통령의 거부권 40
국회의 또 다른 권한들 43
국회의원의 종류와 특권 49

(2) 경찰
현장 출동은 우리가! 생활안전과 54
강력 범죄는 내가 맡는다! 강력팀 56
또 다른 수사부서들 58
경찰인데 수사를 하지 않는다고? 62
종합 치안서비스 제공 63

(3) 검찰
경찰의 수사 기록을 검토하다 66
검찰의 처분과 공소시효 68
검사의 권한, 영장청구권과 기소권 73
공정한 수사와 재판을 위한 권력 나누기 76
특별검사의 등장 80
공익의 대표자 83

(4) 법원
재판의 진행과 선고 84
조금이라도 애매하면 무죄 87
법이 있어야 처벌한다! 죄형법정주의 90
재판은 삼세판까지! 92
시민이 참여하는 국민참여재판 95
재판의 종류 96
조정, 법보다 우선되는 양보와 배려 100

(5) 법무부

구치소와 교도소 102
대한민국의 출입문, 출입국외국인정책본부 103
정부 안의 법률 콘트롤타워, 법무실 104
검찰도 법무부 소속 107
법무부가 아니라 정의부? 108

(6) 헌법재판소
법의 뼈대, 헌법 110
대통령의 명줄을 쥐다 112
헌법소원과 위헌법률심판 115
정당 해산 여부, 정부기관끼리 다툼도 심판 118
헌법재판소의 구성과 결정 방식 119
민주주의 역사와 헌법재판소 122
'헌법 파수꾼'이 제 역할을 하려면 124

3 ★ 법과 함께 일하는 사람들

(1) 변호사
변호사는 힘이 세다? 126
법률 대리인, 자문과 송무 128
변호사의 책임과 의무 129

(2) 법조인이 되는 길
변호사 수 증가와 로스쿨 도입 131
법조인이 품어야 할 덕목 135

 머리말

"우리 아무개는 공부 잘해서 나중에 꼭 판사나 검사가 되렴. 알겠지?"

부모님이나 친척들로부터 한번쯤 들어본 이야기 아닌가요? 부와 명예가 보장되는 법조인이 돼 출세하라는 어른들의 덕담 말이에요.

우리 사회에서 판사·검사·변호사를 뜻하는 법조인은 오랜 세월 '출세'와 동의어였답니다. 누군가를 처벌하거나 또는 처벌받지 않도록 할 수 있는 막강한 권한을 가지고 있거든요. 게다가 사회적으로 대우도 좋고 돈도 많이 벌 수 있으니, 누구든 되고 싶어 하는 직업이었죠.

실제 법조인이 되기 위한 관문이라 할 수 있는 사법시험에 합격하면, 고향 마을 입구나 모교 정문에는 커다란 축하 플래카드가 내걸리고, 동네잔치가 벌어지곤 했답니다. 조선시대 과거에 급제한 이몽룡이 부러움 섞인 시선을 받으며 말을 타고 행진했듯이 말이죠.

하지만 이런 모습은 법, 법조인에 관한 일부일 뿐이랍니다. 법은 사회가 돌아가는 이치이자, 원리예요. 그런 법을 전문적으로 다루는 법률 전문가는 책임도 막중하답니다. 따라서 누구보다도 진중하고 절제하는 모습을 보여야 해요. 권한도 많지만, 되레 짊어져야 하는 의무도 많다는 얘기죠.

법을 둘러싸고 지탱하는 건 법조인만이 하는 일은 아니에요. 예를 들어, 국민이 직접 뽑은 국회의원들은 법률을 만들고, 국민의 자유와 재산을 지키는 경찰은 일선 치안 현장에서 법을 집행하지요.

법조인과 국회의원, 경찰 등이 모두 자기 역할에 충실할 때 국민은 법의 보호를 받으며 안심하고 지낼 수 있어요. 그런데 이들 기관은 긴밀히 연관돼 있지만 각자 임무가 달라요. 권한을 최대한 나누고 분산시키는 게 민주주의 국가의 특징이거든요.

조금은 복잡하고 어려운 얘기죠? 그러면 이제 법을 둘러싼 여러 기관들의 역할과 그곳의 사람들이 구체적으로 어떤 일을 하는지 찬찬히 살펴보기로 해요. 자, 준비됐죠? 그럼 힘차게 책장을 넘겨 보도록 해요!

2016년 가을
이순혁

1 이것이 법이다

법은 인간을 믿지 않는다

집이나 학교에서 흔히 일어나는 일이죠? 그래요, 결국 어른들은 여러분을 믿지 않습니다. 분하지만 곰곰이 생각해 보면 그럴 만도 합니다. 자기 전에 씻고 이 닦는 일은 왜 이리 귀찮은지요. 또 숙제를 안 가져오는 경우나 수업시간에 떠드는 친구들도 꼭 있고요.

법은 사람들에게 끊임없이 잔소리를 늘어놓습니다. 이런 법이 우리나라에는 1200개가 넘습니다. 우리나라 사람들은 1200개가 넘는 잔소리 속에서 살고 있는 셈입니다. 그리고 해마다 100여 개의 법이 새롭게 만들어집니다. 갈수록 잔소리가 늘어나고 있는 것이죠.

그런데 법이 잔소리만으로 채워진 건 아닙니다. 국민은 행복을 추구하고, 자신의 의견을 자유롭게 말하고, 종교를 마음대로 선택할 수 있다는 내용 등도 들어 있거든요. 결국 잔소리를 하면서도 권리를 보장해 주고, 사람들의 행동을 제약하면서도 보호해 주는 게 법입니다.

흔히들 착하고 양심적인 사람을 두고 '법 없이도 살 사람'이라고 말합니다. 법으로 강제하지 않아도 남들에게 친절하고, 바르고 성실하게 살 사람이란 얘기죠. 실제 이런 사람에게 법은 거추장스러운 것일지도 모릅니다.

그렇다면 법은 이런 사람을 어떻게 대할까요? 안타깝지만 아무리 착한 사람이라도 법이 피해 가는 일은 없습니다. 그 까닭을 법에게 묻는다면 아마도 이렇게 답할 것입니다.

"저는 그 사람이 착하다는 말을 믿지 않습니다. 법은 누구에게나 예외 없이 적용될 뿐입니다."

어른들이 어린이를 잘 믿지 않듯이 법도 인간을 신뢰하지 않습니다. '저 사람은 착하니까 괜찮겠지'라며 믿고 맡겨 두지 않는다는 얘기죠.

이 또한 가만히 생각해 보면 고개가 끄덕여집니다. 믿고 맡겨 두기에는 이 세상에 사람이 너무 많습니다. 그리고 그 많은 사람들 가운데는 나쁜 사람도 있지요. 나쁘지 않은 사람도 특수한 상황에서는 어쩔 수 없이 잘못을 저지를 수 있습니다.

실제로 뉴스나 신문을 보면 착한 사람보다는 나쁜 사람에 관한 이야기가 훨씬 많이 나옵니다. 남을 속여 돈을 빼앗은 사기꾼, 뇌물을 받고 부정하게 업무를 처리한 공무원, 교통 법규를 위반해 애꿎은 사람을 다치게 한 운전자 등.

착한 사람들만으로 꾸려진 사회라면 법 없이도 잘 굴러가겠지만 현대 사회는 그렇지 않습니다. 법이 있어도 누군가를 속이고, 때리고, 뇌물을 받고, 교통 법규를 어겨 사고를 내는 사람들이 끊임없이 나타납니다.

모든 학생들이 사이좋게 잘 지낸다면 '왕따'란 말도 없겠지요. 하지만 현실은 그렇지 않기에 학교폭력예방법이란 게 존재합니다.

결국 착한 사람은 있어도 착한 사람들만으로 구성된 사회나 나라는 존재하기 어렵습니다. 이것이 바로 법이라는 잔소리가 필요한 이유입니다. 인간을 믿지 않는 법이지만, 그 법을 통해서 인간은 자신의 권리를 보장받고, 사회는 안정을 유지할 수 있는 것입니다.

그런데 법이 우리 인간보다 더 믿지 않는 존재가 있습니다. 바로 권력입니다.

법과 권력의 힘겨루기

《반지의 제왕》이라는 영화가 있습니다. 본 적은 없더라도 한번쯤 들어보기는 했을 겁니다. 《반지의 제왕》은 악의 화신인 사우론이 끼던 '절대반지'를 없애기 위해 키 작은 호빗 족 청년 프로도가 친구 등과

원정대를 꾸려 함께 여행을 떠나면서 겪는 이야기입니다. 온갖 고생 끝에 반지를 없앨 수 있는 목적지까지 왔지만, 프로도는 결정적인 순간에 차마 반지를 버리지 못합니다. 반지가 주는 기묘한 힘에 유혹당한 것입니다. 결국 친구 샘의 도움으로 겨우 정신을 차린 뒤에야 프로도는 반지를 없애는 데 성공합니다. 여기서 사람들의 혼을 빼앗는 절대반지는 절대적인 힘을 손에 넣고 싶은 욕구, 바로 권력욕을 상징합니다.

권력이란 다른 사람을 지배할 수 있는 권한, 힘을 말합니다. 권력은 대단히 매력적인 녀석인가 봅니다. 한번 움켜쥐면 다른 사람에게 내주기 싫어 발버둥 치는 경우가 많거든요. 절대반지에 영혼을 빼앗길 뻔한 프로도처럼 말이죠.

조선 3대 왕 태종 이방원은 역사 드라마에 단골로 등장하는 인물입니다. 조선을 건국한 태조 이성계의 아들이자, 한글을 만든 세종대왕의 아버지이죠. 이방원은 아버지가 자신 대신 어린 동생을 후계자(세자)로 지명하자, 동생들을 죽이고 왕위에 오릅니다. 왕이 된 뒤에는 자신이 왕위에 오르도록 도와준 공신들의 목숨마저 빼앗지요. 아이들의 외할아버지이자 자신의 부인을 낳아 준 장인과 그의 아들들인 처남들, 며느리의 아버지인 사돈도 예외가 아니었습니다. 자신의 왕권에 조금이라도 위협이 될 것 같으면 누구든 살려두지 않았습니다.

역사책을 살펴보면 이방원 같은 권력자들이 넘쳐납니다. 로마제국의 황제 네로는 어머니를, 중국 최초의 여자 황제인 측천무후는 자식들을, 고구려를 침공했다 망한 수나라 황제 양제는 아버지의 목숨을 빼앗습니다. 오직 권력을 위해서 말이죠. 동서고금 역사를 살펴보면 이런 사례가 워낙 많아 다 모으면 책을 수십 권은 만들 정도랍니다. 부모 형제와도 나눠 갖기 싫은 게 권력이라는 사실을 역사가 증명하고 있는 것입니다.

이렇듯 냉혹한 게 권력이라면, 권력이 없는 세상을 만들면 좋지 않을까요? 불행하게도 이는 불가능합니다. 우리 인간들은 늘 집단을 이루고 살며, 누군가 집단을 대표해 전체를 조정하거나 조율해야 하거든요. 집을 짓는다면 누군가 나서서, 아무개는 벽돌을 나르고, 아무개는 시멘트 반죽을 하고, 또 다른 아무개는 창문을 만들어 달도록 업무를 배분하고 관리해야 합니다. 그런 역할을 하는 사람이 없다면 일꾼들은 서로 멀뚱멀뚱 쳐다보면서 시간을 허비하거나, 서로 조금이라도 편한 일을 하겠다며 싸움을 벌일 겁니다. 우측 통행이 법으로 정해져 있지 않다면 운전자마다 왼쪽으로, 오른쪽으로 제멋대로 차를 운전하다 교통사고가 발생하고 도로는 꽉 막힐 것입니다.

나라를 다스리는 일도 마찬가지입니다. 이웃 나라가 쳐들어 온다면 군 통수권자인 대통령은 지체없이 국방부장관에게 적을 막아 국민의 생명과 재산을 지키도록 지시해야겠죠. 또 지진, 홍수, 태풍 같은 자연재해가 일어날 경우에도 장관이나 시장처럼 권한을 가진 사람이 구호와 추가 피해 예방, 구호물품 투입과 배분, 자원봉사자 배치 등 수많은 업무들이 착착 진행되도록 지시하고 조율해야 할 것입니다.

이렇듯 누군가를 움직이게 하는 이들이 없다면 어떻게 될까요? 상상할 수 없는 사회적 혼란이 발생할 것입니다. 전쟁을 하려면 병사들만 있어서는 안 되고, 이들을 지휘해 효율적으로 작전을 펼치는 장수가 필요한 것과 같은 이치입니다.

한마디로 냉혹하고 무서운 게 권력이지만, 권력 없는 사회나 나라는 존재할 수 없습니다. 그렇다면 어떻게 하는 게 현명할까요? 권력이 합리적으로 행사되도록, 권력자가 제멋대로 권력을 휘두를 수 없도록 하면 되지 않을까요? 이렇게 권력자를 견제하는 수단이 바로 법입니다. 결국 법이란 존재는 권력과 권력자에게도 귀찮은 잔소리인 것입니다.

법 가운데서도 헌법이라는 게 있습니다. 사우론의 절대반지처럼 모든 법 중에서 가장 으뜸인 법입니다. 헌법은 길지 않습니다. 프린터로 출력하면 A4용지 10여 장에 불과해서 금방 읽어 볼 수 있지요. 이 얼마 안 되는 분량의 절반 이상은 권력에 관한 이야기입니다. 요약하면 이렇습니다.

"권력은 한곳에 집중시키면 위험하니 분산시키겠다. 그리고 서로 견제하도록 하겠다."

우리나라 헌법은 한 사람 혹은 한 집단에게 모든 권력을 몰아주는 것을 반대합니다. 권력이라는 절대반지를 녹여 몇 개로 나누고 여럿에게 분배한 뒤 서로 견제하도록 하는 것이죠. 이를 '권력 분립'이라고 합니다. 그렇다면 헌법에서 이처럼 권력을 분산시키는 이유는 뭘까요?

잠깐 역사 이야기를 해 보도록 하죠. 1945년 제2차 세계대전이 끝나면서 아시아와 아프리카의 수많은 국가들이 독립을 하게 됩니다. 우리나라도 그중 하나였지요. 상당수 신생 국가들에서는 조국의 독립을 위해 목숨 바쳐 활동한 이들을 초대 지도자로 뽑습니다. 혼자 잘 먹고 잘 사는 대신 나라와 민족을 위해 희생하는 삶을 살아온 독립운동가들이 이번에도 국민을 훌륭하게 이끌어 줄 것으로 믿었던 것이죠. 우리나라에서도 유명한 독립운동가인 이승만 박사가 초대 대통령으로 선출됐습니다.

   그런데 안타깝게도 여러 나라의 독립운동가 출신 지도자들은 권좌에 앉은 뒤 국민들의 믿음을 배반하고 맙니다. 이승만 대통령도 마찬가지였습니다. 권력을 독점하기 위해 부정 선거와 같은 비열한 방법을 동원하고, 경쟁자들을 공격해 목숨을 빼앗고, 자신에게 반대하는 국민을 감옥에 가두는 등 탄압을 한 것입니다. 한때 자랑스러운 민족 영웅들이 권력을 얻고 나서는 추악한 독재자로 변해 버린 것이지요. 그래서 법은 말합니다. '사람 중에서도 권력자는 더욱더 믿지 않는다'고 말이죠.

왕을 굴복시킨 문서, '마그나 카르타'

"빨리 서명하시죠."

1215년 6월 15일 영국 런던 템스강 변에 모인 귀족들이 왕에게 두루마리 문서를 내밀며 서명할 것을 재촉했습니다. 왕 앞에 놓인 문서

에는 귀족들이 제시한 수십 가지 요구 사항이 잔뜩 적혀 있었어요. 요약하자면 이런 내용이었답니다.

'마음대로 세금을 걷거나 사람들을 잡아 가두지 않겠다. 귀족들과 의논해 정치를 해나가겠다.'

왕은 내키지 않았지만 결국 서명을 합니다. 눈을 부라리며 서명을 강요하는 귀족들의 뜻을 거슬렀다가는 왕 자리에서 쫓겨날 판이었거든요. 이때 왕이 '내 맘대로 권력을 휘두르지 않겠다'고 서명한 이 문서를 대헌장, 영어로 '마그나 카르타'라고 합니다.

민주주의 역사에서 아주 중요한 의미를 가지는 대헌장에 서명을 한 이는 존 왕입니다. 혹시 《의적 로빈 후드》라는 이야기책 읽어 봤나요? 이 책의 주인공 로빈 후드가 활약한 시기의 영국 왕이 바로 존 왕입니다. 존 왕은 지금까지도 영국인이 가장 싫어하는 왕 중 한 명이죠. 고집 세고 제멋대로인 데다 툭하면 전쟁을 일으켰는데, 그때마다 번번이 패했거든요. 프랑스와의 전쟁에 지면서 당시 영국 땅이었던 노르망디 지역을 몽땅 잃고 만 게 대표적입니다. 게다가 전쟁을 일으킨다며 세금을 더 거뒀으니 귀족들의 불만은 하늘을 찔렀고, 백성들의 생활은 피폐해졌습니다. 교황과도 사이가 좋지 않아 가톨릭교도로서 자격을 박탈(파문) 당하는 등 존 왕의 좌충우돌은 끝이 없었습니다.

당시 영국에는 귀족들로 이루어진 의회가 있었습니다. 왕은 나랏일을 결정할 때 형식적으로라도 귀족들의 대표 기관인 의회와 상의를 하도록 되어 있는데, 존 왕은 이를 무시하고 마음대로 권력을 휘둘렀습니다. 그에게 의회는 대화 상대가 아니라 자신에게 복종해야 하는 신하들의 모임이었던 것이죠.

그 시절 왕은 대개 신 또는 하늘로부터 권력을 부여받았다고 생각했습니다. 신에게서 왕권을 부여받았다는, 이른바 왕권신수설을 믿었습니다. 왕권신수설에 따르면 나라의 주인은 왕이고, 백성은 왕에게 절대적인 충성을 바쳐야 하는 신하였습니다. 신만이 왕에게 정치의 책임을 물을 수 있을 뿐, 백성들은 끽소리 못 하고 시키는 대로 해야만 했던 것이죠.

존 왕의 무능과 독선에 질린 의회는 참다못해 전쟁을 선포합니다. 반란을 일으킨 거죠. 전쟁만 일으켰다 하면 패하는 존 왕이 내란이라고 이길 리 없었습니다. 결국 반란군에 패한 존 왕은 고개를 숙이고 귀족들의 요구대로 대헌장에 서명할 수밖에 없었지요. 대헌장은 존 왕에게는 일종의 항복 문서였던 것입니다.

대헌장의 내용은 지금의 민주주의와는 거리가 멉니다. 왕의 권한을 제한하긴 했지만, 그 대신 또 다른 지배계층인 영주, 귀족, 성직자의 특권을 강화하고 명확히 하는 내용이었거든요. 다음 조문들이 대표적입니다.

"오래된 관습으로 인정되어 온 것 이외의 세금 혹은 봉건 지원금은 귀족들의 자문을 거치지 않으면 부과할 수 없다. 다만 왕이 인질이 되었을 때의 협상금, 왕의 아들이 기사가 될 때 필요한 비용, 왕의 맏딸의 혼인에 필요한 비용 등은 예외로 한다."

"대귀족은 동료 귀족에 의해서만 처벌받을 수 있다."

사실 대헌장은, 자신의 영지 안에서 절대적인 권력을 행사하던 영주들이 왕의 일방적인 세금 인상 등으로 손해를 보게 되자 함께 들고 일어나 왕을 굴복시키고 억지로 서명하도록 한 문서입니다. 일반 백

성들과 상관없는 지배계층 내부 다툼의 결과일 수 있다는 얘기죠. 하지만 왕이 할 수 있는 일과 할 수 없는 일이 대헌장을 통해 처음으로 문서화 됐고, 이를 통해 절대적이었던 왕의 권력이 제약받을 수 있게 됐다는 점에서 의미가 큽니다.

또 대헌장을 계기로 백성들은 왕도 법 아래 놓일 수 있음을 깨닫게 됩니다. 이전에는 '빚을 갚지 않으면 노예가 된다', '도둑질하면 감옥에 간다', '살인하면 사형에 처한다'와 같은 법은 일반 백성들에게만 적용됐을 뿐 왕에게는 적용되지 않았습니다. 하지만 대헌장을 계기로 백성들은 왕도 법을 지켜야 하는 처지가 될 수 있음을 자각하게 됩니다.

하지만 당시 교황이 "어디서 감히 왕을 협박해!"라며 발끈하고, 뒤이은 왕들의 의도적인 무시 속에서 마그나 카르타는 사람들의 기억 속에서 점차 사라져 갔습니다. 그러다 17세기에 국왕과 의회가 또다시 심각하게 대립하면서 마그나 카르타는 주목받게 됩니다. 귀족들은 마그나 카르타를 근거로 왕권에 맞서고, 학자들은 '법을 통한 지배'와 평등사상의 기초라는 의미를 부여해 마그나 카르타를 세상에 널리 알렸습니다.

이런 와중에 프랑스의 사상가이자 법관이었던 몽테스키외라는 사람이 권력과 관련해 새로운 주장을 펴기 시작했습니다.

'국왕과 의회가 나눠 가지는 것으로는 모자라. 모름지기 권력은 세 조각으로 나눠야 해.'

처럼 죄인을 불러다 재판을 하고 벌을 내릴 수 있었습니다.

변 사또는 춘향이에게 매질을 하고 감옥에 가둔 뒤, 끝까지 수청을 거부하면 처형하겠노라고 겁을 줍니다. 지금으로 치면 시장이 시청 광장에서 재판을 열어 죄인에게 곤장을 때리고 시청 지하실에 가둔 뒤 사형을 집행하겠다고 나선 것이죠. 물론 현대 사회에서는 이런 일을 꿈도 꿀 수 없어요. 시장이 아니라 대통령이라도 마찬가지입니다. 재판은 법원에 있는 판사의 몫이고, 대통령이나 시장이 왈가왈부할 수 없습니다.

왜 현대 사회의 법은 사법부에 있는 판사에게만 재판을 허락할까요? 춘향이 같은 억울한 피해자를 만들지 않기 위해서입니다. 변 사또는 요즘으로 치면 나라의 법을 집행하는 행정부 공무원입니다. 그는 아전을 부려서 불법 행위를 단속하고, 세금을 거두고, 도둑을 잡습니다. 이는 변 사또가 그 고을에서 가장 지위가 높고 힘이 센 권력자란 뜻입니다. 그런 사람에게 재판권까지 주면, 호랑이에게 날개를 달아주는 꼴이지요.

변 사또처럼 음흉하고 탐욕스러운 이가 사또로 부임하면 백성들의 피해가 이만저만이 아니었습니다. 죄가 분명한데도 자신과 친하다는 이유로 무죄로 판결하고, 반대로 결백한 사람도 미우면 유죄를 선고했으니 말이죠. 이와 같이 사또가 마음대로 허술하게 재판을 해도 구조적으로 이를 막을 마땅한 방법이 없었습니다.

국가 권력을 셋으로 쪼개야 한다고 주장한 몽테스키외도 법관이었습니다. 재판의 힘과 중요성을 누구보다 잘 알고 있었다는 얘기입니다. 1748년 몽테스키외는 국가 권력을 왕(행정부)과 의회(입법부) 말고도 법원(사법부)까지 셋으로 나눠야 한다는 주장을 담은 《법의 정신》이라는 책을 펴냅니다. 이른바 '삼권분립'은 이 책에서 처음으로 제시됐습니다.

만일 삼권분립이 이뤄진 시대에 춘향이가 살았다면 어땠을까요? 고을 행정과 치안을 책임졌던 변 사또는 시장 겸 경찰서장쯤 될 텐데요. 그런 변 사또가 춘향이를 붙잡아 처벌하려면 우선 '수청거부죄'라는 법이 있어야 합니다. 그런데 법을 만드는 것은 변 사또 권한이 아닙니다. 국회, 즉 입법부의 권한이죠.

의회에서 수청거부죄를 만들었다면 변 사또는 춘향이를 체포한 뒤 조사할 수 있습니다. 하지만 딱 거기까지만입니다. 재판을 진행해 죄가 있는지 없는지는 오직 판사만이 판결할 수 있기 때문입니다. 삼권분립 아래서는 아무리 권력자라도 마음 내키는 대로 모든 일을 처리할 수 없습니다.

몽테스키외가 살던 시대는 권력을 둘로 나누는 것조차 일반화되지 않은 때였습니다. 그런데 권력을 다시 셋으로 나누자고 하니, 당시 지배층들은 이를 탐탁지 않게 여겼지요. 민감하고 파격적인 내용 때문에 《법의 정신》은 몽테스키외의 조국인 프랑스가 아닌 스위스에서 익명으로 출판돼야 했습니다. 또 로마 교황청은 일반 사람들이 이 책을 읽지 못하도록 금서(출판 또는 판매를 금지한 책)로 지정합니다. 하지만 대중의 관심을 억지로 막을 수는 없었습니다. 《법의 정신》은 2년 만에 22번이나 다시 찍을 정도로 선풍적인 관심을 모읍니다.

얼마 뒤 몽테스키외의 이론을 받아들인 최초의 국가가 신대륙에서 탄생합니다. 1776년 영국과의 독립전쟁에서 승리한 미국입니다. 그리고 오늘날에는 우리나라를 비롯해 일본, 독일 등 많은 국가들이 삼권분립을 채택하고 있습니다.

이제 우리는 셋으로 쪼개진 권력을 집행하는 법 관련 기관들을 하나하나 살펴보게 될 겁니다. 자, 준비되었나요?

2 법을 다루는 법 기관

(1) 국회

법률을 만드는 국회의원

안녕하세요, 고길동 의원님. 저는 초등학교 1학년 아들을 둔 아빠입니다. 며칠 전 식구들이 모여 저녁을 먹는 자리에서 제가 아들에게 물었습니다.

농담으로 던진 말에 아들이 진지하게 반응해서 놀랐는데, 생각해 보니 제가 사는 동네에 수영을 제대로 가르치는 학교가 없더군요.

해마다 여름이면 물에 빠져 죽는 아이들에 관한 뉴스가 끊이지 않는데, 왜 학교에서는 수영 교육을 제대로 시키지 않는지 모르겠어요. 세월호 사고 뒤 수영 교육에 대한 관심이 잠깐 높아지는 듯하더니……. 고 의원님이 이 사안에 신경을 써 주시면 좋겠습니다.

국회는 법률을 만드는 기관입니다. 법을 만들어 세운다는 뜻에서 '입법(立설 입, 法법 법)부'라고도 부르죠. 하지만 국회의원 300명이 모든 법률을 처음부터 함께 논의하는 것은 아닙니다. 분야별 소그룹에서 1차 논의를 먼저 하게 되는데, 이 소그룹을 국회 상임위원회(상임위)라고 합니다. 여러분 학급에 도서부, 체육부, 학급신문부 등이 있듯이 국회에도 15~20개가량 분야별 상임위원회를 두어요. 고길동 의원은 상임위원회 가운데 국방위원회 소속입니다. 국방위원회는 군과 관련된 법률을 다루는 곳입니다. 22개월인 군인 의무 복무 기간을 20개월로 줄일지, 군인 사기를 높이기 위해 훈련 수당을 얼마나 높일지 등을 정하는 일을 하지요. 나배움 의원은 교사 출신으로 오랫동안 교육문화체육관광위원회에서 활동해 온 교육 전문가였습니다.

나배움 의원을 만나고 나서는 길, 고길동 의원의 발걸음

국회 조직도

상임위원회

국회운영위원회, 법제사법위원회,
정무위원회, 기획재정위원회,
미래창조과학방송통신위원회,
교육문화체육관광위원회, 외교통일위원회,
국방위원회, 안전행정위원회,
농림축산식품해양수산위원회,
산업통상자원위원회, 보건복지위원회,
환경노동위원회, 국토교통위원회,
정보위원회, 여성가족위원회

국회의장
- 부의장(여당)
- 부의장(야당)

- 국회사무처
- 국회도서관
- 국회예산정책처
- 국회입법조사처

*2016년 11월 기준

이 가볍습니다. 고길동 의원은 국회도서관부터 찾았어요. 나 의원이 일단 수영 교육 해외 사례와 관련 논문 등을 찾아본 뒤 국내 실태와 비교하고 현장을 찾아 문제점과 개선책을 들어 보라 제안했거든요.

"찾았다!"

도서관에서 컴퓨터로 자료를 검색하고, 서적을 뒤적이던 고길동 의원이 소리쳤어요. 고길동 의원의 눈길을 끈 것은 60여 년 전 일본 신문 기사였어요. 1955년 5월 11일, 수학여행을 가는 학생들을 태운 시운마루 호라는 배가 안개 속에서 운항하다 화물선과 충돌한 뒤 침몰해 168명이 목숨을 잃었다는 내용이었습니다.

"맙소사! 세월호 사건과 정말 비슷하잖아?"

시운마루 호 사건 이후, 일본 정부는 선박 안전 기준을 크게 강화하고 모든 초등학교에 수영장을 만들어 수영을 의무적으로 가르치는 법을 만들었답니다. 영국은 1학년부터 25미터를 헤엄쳐 갈 수 있도록, 아이슬란드에서는 초등학교에 들어가기 전부터 수영 교육을 시킨다는 사실도 알게 됐어요.

이튿날 또다시 도서관을 찾은 고길동 의원은 국내 사례를 찾아보았어요. 그래서 2010년 이후 초등학교 3학년 체육 시간에 수영 교육이 편성되기 시작했는데, 실제 교육은 잘 이뤄지지 않고 있다는 기사를 찾아냈어요. 또 해마다 한강을 수영해서 건너는 행사를 벌이던 서울의 한 초등학교에서는 세월호 사건 뒤 수영부를 없애고 에어로빅부를 만들었다는 소식도 알게 됐답니다.

　모범사례도 찾아볼 수 있었어요. 경기도 한 시에서는 세월호 사건이 발생하기 전인 2012년부터 초등학교 3학년 학생들을 대상으로 올바른 수영의무교육을 시행했는데, 최근엔 수영 교육 시간을 20시간으로 확대하기도 했습니다.

까다로운 세 번의 고개

그로부터 한 달 뒤, 고길동 의원은 '초등학생 수영의무교육 법안'을 국회에 제출했어요. 법안이 국회를 통과해 법률이 되려면 세 번의 고개를 넘어야 한답니다. 첫 번째 고개는 관할 상임위, 즉 교육문화체육관광위원회의 심사를 통과하는 일입니다.

뭘 심사하느냐고요? 무엇보다 법률이 현실성이 있어야 합니다. 가령 '가난한 노인들에게 아파트를 한 채씩 사 줍시다'라는 법안을 어떤 국회의원이 내놓았다고 해요. 어렵게 사는 노인을 돕자는 마음이야 갸륵하지만 그 많은 돈을 무슨 수로 마련하겠어요?

고길동 의원이 가장 신경 쓴 것도 바로 그 부분이었어요. 모든 학생들이 수영을 배울 정도로 수영장을 많이 지으려면 상당한 비용이 필요하거든요. 또 물을 늘 깨끗하게 유지하기 위해서도 많은 돈이 들죠. 이런 현실을 무시하고 학교마다 수영장을 지어야 한다고 고집 부리다가 교육문화체육관광위 소속 의원들이 반대하면 그동안 마련한 법안은 물거품이 될 수 있었어요.

그래서 고길동 의원은 학교마다 수영장을 짓는 대신 몇 개 동이나 읍·면을 묶어 공공수영장을 짓자고 제안했어요. 또 오전에는 인근 지역 초등학생들을 가르치고 오후에는 지역 주민들에게 개방하자고도 했어요. 이렇게 하면 주민들이 낸 요금으로 수영장 유지 비용을 충당할 수 있어 정부 부담도 줄일 수 있거든요.

"생각보다 큰 비용 안 들이고 수영 교육을 활성화할 수 있겠군."

"평소 수영을 배우고 싶었던 주민들 만족도도 높아질 것 같군요."

다행히 상임위 소속 의원들 반응이 긍정적이었어요. 상임위원장이 찬반 의견을 묻자 의원 대다수가 찬성한다고 밝혔지요. 상임위 통과 장면을 지켜보던 고길동 의원의 얼굴에 활짝 웃음꽃이 폈어요. 하지만 기뻐하기엔 일러요. 아직 두 번의 고개가 더 남았거든요.

두 번째 고개는 법제사법위원회 심사입니다. 줄여서 법사위라고 부르는 법제사법위원회도 여러 상임위원회 중 하나예요. 각각의 상임위를 거친 법안들은 모두 법사위로 모이게 됩니다. 법사위에서 법안이 법률적으로 문제가 없는지 심사를 하거든요. 새 법안이 기존에 있는 법률과 충돌하거나 겹치지는 않는지, 표현은 법적으로 명확한지 등을 꼬치꼬치 따져 보는 것이죠. 그래서 법사위에는 법조인 출신 국회의원들이 많습니다.

고길동 의원은 법사위 통과도 자신 있었어요. 법사위에 법안을 내놓기 전에 법제실 직원들이 열심히 검토해 줬거든요. 국회 법제실은

국회의원들이 법안을 작성할 때 도움을 주는 부서예요. 맞춤법은 물론이고 다른 법률과 충돌 여부, 헌법에 위배되지는 않는지 등을 꼼꼼히 검사하고 의견을 주죠. 법안 작성 과외 선생님과도 같은 역할을 하는 셈이에요.

"통과!"

고길동 의원 생각대로 법사위에서도 초등학생 수영의무교육 법안을 지지하는 의원들이 많았어요.

마지막 관문인 국회 본회의는 상임위와 달리 국회의원 전체가 모여서 여는 회의랍니다. 국회 본회의실은 여러분도 뉴스에서 자주 봤을 거예요. 중앙에 태극기와 국회의장 자리가 있고, 이를 중심으로 의원 300명이 부채꼴 모양으로 빙 둘러앉게 되죠. 천장도 매우 높아 웅장한 분위기를 연출한답니다.

"초등학생 수영의무교육 법안을 상정합니다. 고길동 의원님 나오셔서 법안 제안 이유를 설명해 주세요."

본회의 사회자인 국회의장이 마이크에 대고 고길동 의원을 호출했어요. 국회의장은 국회의원들의 대표예요. 나라에서 대통령 다음으로 높은 어른 대우를 받기도 한답니다.

고길동 의원이 중앙 단상에 올라섰어요.

"초등학생 수영의무교육 법안은 전국 모든 초등학생들에게 수영을 가르쳐, 바다나 강에서 예기치 않은 사고를 당하더라도 목숨을 구할 수 있도록 하기 위한 법안입니다. 2014년 4월 16일 발생한 세월호 참사 뒤 수영 교육에 관심이 늘어나고 일부 지방자치단체들이 수영 수업을 편성하고 있지만 재원이 부족하여 널리 확산되지는 못하고 있습니다. 이 법률이 제정되면 전국 기초자치단체에 공공수영장 건립 예산을 지원하게 되고……."

법안을 제안한 취지를 설명한 고길동 의원이 자기 자리로 돌아와 앉았어요. 국회의장이 말을 이어 갔어요.

"그러면 초등학교 수영의무교육 법안을 의결하도록 하겠습니다. 투표해 주시기 바랍니다."

본회의장 의원들이 앉는 좌석에는 초록색과 붉은색 버튼이 달려 있어요. 법안에 찬성하면 초록색 버튼을, 반대하면 붉은색 버튼을 누르는 것이에요. 고길동 의원은 초록색 버튼을 누른 뒤 눈을 감았어요. 의원들이 과연 어떤 선택을 할지 가슴이 콩닥거렸거든요.

"결과를 말씀드리겠습니다. 재적 254명 가운데 찬성 232명, 기권 5명, 반대 17명으로 초등학생 수영의무교육 법안이 가결됐음을 선포합니다."

탕탕탕! 국회의장이 의사봉을 두드리며 통과를 선언하자마자 고길동 의원이 자리에서 벌떡 일어났어요. 너무 기쁘고 뿌듯해 뛰고 싶을 지경이었답니다. 옆자리 동료 의원이 다가와 악수와 함께 인사를 건넸어요.

"고 의원, 좋은 법안 만드느라 수고 많았어요. 고생하셨지만 보람 있죠? 축하해요."

"네, 도와주신 덕분입니다. 감사합니다."

지역구 주민으로부터 전자우편을 받으며 시작한 초등학생 수영의무교육 도입은 이제 거의 완성 단계에 이르렀어요. 하지만 아직 안심할 수는 없답니다. 마지막 관문이 하나 남아 있거든요.

대통령의 거부권

"고길동 의원이 초등학생 수영의무교육 법안을 발의해 국회에서 통과된 내용입니다."

"고길동 의원이 만든 법안이라……."

법률을 만드는 것은 입법부인 국회의 몫이지만 법률을 선포하는 것은 대통령의 권한이에요. 대통령이 "좋아, 통과!" 하고 서명을 해야 법률로서 효력을 발휘하죠.

"설마, 거부권을 행사하시려는 겁니까?"

"서명을 하고 싶지 않군요."

"그럴 수도 있죠! 법안 거부권도 엄연한 대통령의 권리인데."

"그렇긴…… 하지만."

대통령은 국회에서 통과시킨 법안에 문제가 있다고 생각되면 이를 거부할 수 있어요. 이 경우 법안은 국회로 되돌아가고, 국회는 법안을 포기하거나 다시 투표해 재추진 할 수 있습니다. 법안은 전체 의원의 과반수가 출석해 출석한 의원 과반수가 찬성하면 통과되는데, 대통령이 거부권을 행사한 법안이 다시 통과되려면 과반수 의원이 출석하고 출석한 의원의 3분의 2 이상이 찬성해야 합니다. 처음보다 조건이 까다롭지요.

대신 3분의 2 이상이 찬성해 다시 통과된 법안은 무조건 법률로서 효력을 갖게 됩니다. 대통령과 국회가 서로 견제하면서 균형을 이루도록 하는 이런 장치를 헌법에서 보장해 놓은 것입니다.

"법안에 문제가 있다고 보시는 것인지요?"

"법안 취지는 좋은데, 고길동 의원이 좀 걸립니다."

몇 달 전 고길동 의원이 '국군 해외 파병안'에 반대표를 던진 게 생각났습니다. 대통령은 법안 내용보다도 고 의원에게 뭔가 섭섭한 게 있는 듯했어요.

그 사정은 이랬어요. 아프리카의 어느 나라에서 내전이 일어나자 유엔에서는 평화유지군을 파견하기로 결정했습니다. 유엔은 한국 정부에도 평화유지군을 파병해 달라고 요청했어요. 대통령은 고심 끝에 500명 규모의 평화유지군을 파병하기로 하고 국회에 동의해 달라고 요청했지요. 국군 통수권자는 대통령이지만 국군을 해외로 파병하거나 외국군을 우리나라로 들일 경우에는 국회 동의가 있어야 하거든요.

대통령의 요청을 두고 국회에서는 열띤 토론이 벌어졌어요. 대통령이 소속된 여당은 대통령의 국정 운영을 뒷받침하기 위해 대통령 요청에 따라 평화유지군을 파병해야 한다고 주장했지만 야당에서는 이에 반대했어요. 위험 지역에 젊은 병사들을 파견했다가 목숨을 잃거나 부상을 당할 수도 있다면서 말이죠. 국제 사회의 일원으로서 책임을 다하자는 여당 주장과 국민의 생명을 최우선시 해야 한다는 야당 주장 모두 나름 설득력이 있었고, 따라서 여론도 두 편으로 갈려 팽팽하게 맞섰답니다.

결국 국회의장은 표결로 파병안 찬성 여부를 결정하기로 했어요. 여당 의원 숫자가 조금 더 많은 만큼 평화유지군 해외 파병안은 통과될 가능성이 컸어요. 하지만 결과적으로 파병안은 통과되지 못했어요. 여당 의원 몇몇이 야당과 뜻을 같이해 반대표를 던졌거든요. 고길동 의원도 '죄없는 대한민국 청년들이 희생될 수도 있다'며 파병안에 반대표를 던졌답니다.

국제 사회에 약속을 지키지 못해 난처했던 기억을 떠올린 대통령이 화가 난다는 듯 입을 열었어요. 대통령의 오랜 친구이자 조언자인 비서실장이 조심스레 답했어요.

대통령인 내가 간곡하게 통과를 부탁한 파병안에 반대표를 던지더니, 이제는 협조해 달라고?

대통령께서도 예전 국회의원 시절, 정부의 결정에 반대표를 던지곤 하셨습니다.

그때는 정부가 잘못된 결정을 해서 국민을 위해 어쩔 수 없이 반대표를 던졌던 것이고, 지금과는 경우가 다르지요.

고길동 의원도 그런 생각으로 파병안에 반대했을 수 있습니다. 법안 거부권은 헌법에 명시된 대통령의 권한입니다만, 고길동 의원에 대한 개인적 감정보다는 국민들 처지를 고려해서 결정하시는 게 좋을 것 같습니다.

음……. 수영을 학교에서 의무교육으로 지정하고 동네 수영장 건설 등에 예산을 쓴다면, 형평성을 내세우며 육상계나 축구계에서도 같은 조건으로 지정해 달라고 하지 않을까 걱정입니다.

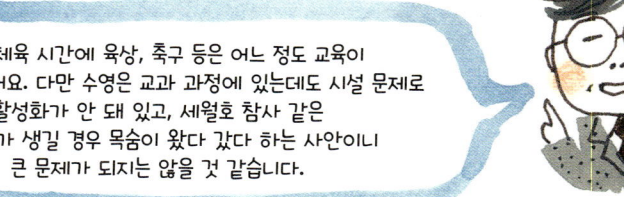

기존 체육 시간에 육상, 축구 등은 어느 정도 교육이 이뤄지고 있어요. 다만 수영은 교과 과정에 있는데도 시설 문제로 활성화가 안 돼 있고, 세월호 참사 같은 큰 사고가 생길 경우 목숨이 왔다 갔다 하는 사안이니 큰 문제가 되지는 않을 것 같습니다.

대통령은 고심 끝에 펜을 들었습니다. 비서실장은 결국 고길동 의원의 법안에 대통령의 서명을 받아냈고, 정부는 초등학생 수영의무교육법 시행을 발표했습니다.

국회의 또 다른 권한들

국회는 기본적으로 법률을 만드는 기관입니다. 하지만 현대 사회가 복잡해지면서 국회의 권한은 더 많아졌습니다. 역사를 거슬러올라가 보면 국회는 애초 왕이나 황제와 같은 군주를 견제하기 위해 만들어진 기관입니다. 앞서 살펴봤듯이 과거엔 군주가 통치에 관한 모든 권한을 가졌는데, '법 만드는 권한'을 따로 떼어 내어 국회의원들로 구성된 국회에 맡겼기 때문입니다.

법을 제정하는 입법권 이외에 가장 대표적인 국회의 권한은 대통령이 외국과 체결한 조약에 동의할지 여부를 결정하는 것입니다. 대통령이 고길동 의원에게 섭섭함을 느꼈던 '국군 해외 파병안'이 그런 종류이지요. 국제법에 근거한 나라 간 약속인 조약은 법률 못지않게 국민 생활에 큰 영향을 끼칠 수 있습니다.

국군을 외국에 파병하기로 했는데 그 지역에 극심한 내전이 벌어지고 있어 우리 군인들이 생명의 위협을 받는다면 자식을 군대에 보낸 부모들이 걱정으로 밤잠을 설치겠죠? 왜 국군을 위험한 곳에 파병하느냐며 정부를 원망할 수도 있겠고요. 이렇게 민감한 문제이니 대통령이 외국과 중요한 조약을 체결하거나 비준할 때는 국민의 대표인 국회가 동의해야 법적 효력을 발휘하도록 하고 있답니다. 한 번 더 꼼꼼히 살펴서 국민에게 피해가 돌아가지 않도록 최대한 신중하게 살펴보라는 취지인 것이죠.

국회의 또 다른 중요한 권한 가운데 하나는 예산안 심의 의결권입니다. 정부는 1년 동안 나라 살림에 들어가는 예산을 미리 짭니다. 군인과 경찰 등 공무원에게 줄 급여, 도로나 다리 등 사회기반시설 건설비, 형편이 어려운 기초생활보장수급자들에게 지급할 수당, 학교 건립에 필요한 교육 예산 등을 각각 얼마나 쓸지 전해에 미리 계획하는 것이죠. 이런 정부의 지출 계획표를 예산안이라고 합니다. 정부가 예산안을 짠 뒤 국회로 넘기면 국회에서 이를 심의해 통과시켜야 이듬해 예산이 집행될 수 있답니다.

정부가 짜 온 예산안에 국민들이 애써 낸 세금을 낭비하는 부분이 있다고 판단되면 국회는 예산을 줄일 수 있습니다. 반대로 국민들의 생활과 안위에 더 중요하다고 여겨지는 사업에는 예산을 더 많이 배정할 수도 있습니다. 예산은 예산결산특별위원회 심의를 거쳐 본회의 의결을 통해 확정됩니다.

이때 의원들은 자신이 속한 지역구에 조금이라도 더 예산을 많이 배정받기 위해 발벗고 뛰는 경우가 적지 않습니다. 그런 결과물을 내세우면 다음 선거 때 지역구 주민들의 지지를 더 많이 받을 수도 있으니까요.

국회는 정부 고위직에 누구를 앉힐지에 관해서도 막강한 영향력을 행사합니다. 일단 헌법재판소 재판관·중앙선거관리위원회 위원 가운데 3분의 1은 국회에서 선출합니다.

또 대통령과 국무총리·장관·감사원장 등 고위 공직자들이 직무를 제대로 수행하고 있지 못하다고 판단하면 국회는 파면(탄핵) 재판에 회부할 수 있습니다. 이를 '탄핵소추'라고 하는데, 전체 국회의원 3분의 1 이상이 제안하고 과반수가 찬성하면 이뤄집니다. 다만 대통령 탄핵은 전체 국회의원 과반수가 제안하고 3분의 2 이상이 찬성해야 합니다. 탄핵소추 뒤 파면 여부는 헌법재판소가 결정하는데, 결론이 내려질 때까지 해당 공직자는 직무수행이 정지됩니다.

국회는 인사청문회를 통해 대통령에 의해 최고위직에 지명된 인사들이 그에 걸맞은 도덕성이나 자질, 능력을 갖췄는지도 검증합니다.

인사청문회 대상은 생각보다 많아요. 국무총리·장관·헌법재판소 재판관·중앙선거관리위원회 위원·방송통신위원회 위원장·국가정보원장·공정거래위원회 위원장·금융위원회 위원장·국가인권위원회 위원장·국세청장·검찰총장·경찰청장·합동참모본부 의장·한국은행 총재·특별감찰관……. 많기도 하죠?

이 가운데서도 가장 중요한 자리라고 할 수 있는 대법원장 및 대법관·헌법재판소장·국무총리·감사원장은 국회 동의가 없으면 임명할

수 없어요.

국회는 또 매년 국정감사를 통해 대통령(행정부)의 국정 운영 실태를 진단하고 잘못된 부분을 적발해 시정을 요구하기도 합니다. 이때 국회가 정당한 자료 제출을 요구하면 정부는 응해야 합니다. 행정부 공무원들은 국정감사에 출석해 의원들의 질의에 답변해야 하고요. 또 어떤 국정 사안에 문제가 있다고 판단되면 재적 의원 4분의 1 이상의 요구로 국정조사를 진행할 수 있습니다.

여러 차례 얘기했듯이 우리나라 헌법 정신 가운데 하나는 '권력의 분산'입니다. 한 개인이나 기관이 모든 권한을 마음대로 행사할 수 없도록 한 것입니다. 대통령(수상 또는 옛날의 왕)이 정부를 마음대로 통솔하지 못하도록 국회로 하여금 견제하도록 한 것이죠.

그럼 국회가 권한을 남용한다면 어떻게 해야 할까요? 헌법에서는 이런 경우를 대비해 대통령(행정부)에게도 국회를 견제할 수 있는 권한을 부여했습니다.

고길동 의원이 통과시킨 초등학생 수영의무교육법 사례에서 보았던 법안 거부권이 대표적입니다. 대통령이 이끄는 행정부는 또 어떤 정당이 헌법에 위배된다고 판단할 때는 정당을 해산시키는 재판을 해달라고 청구할 수 있는 권한도 갖고 있답니다.

나라의 양대 권력 기관인 행정부와 의회가 충돌할 경우에는 제3의 권력 기관들이 나서게 됩니다. 국회의원 3분의 2가 뜻을 모아 대통령

　을 탄핵소추하면 대통령은 직무가 정지되고, 헌법재판소에서 탄핵심판을 받는 게 대표적입니다. 헌법재판소의 결정에 따라 대통령은 파면돼 자리에서 물러날 수도 있고, 다시 직무에 복귀할 수도 있습니다.

　실제 2004년 국회는 사상 최초로 대통령 탄핵소추안을 통과시켰습니다. 온 국민을 놀라게 한 사건이었죠. 당시 헌법재판소는 탄핵소추를 기각했고, 노무현 대통령은 다시 직무에 복귀할 수 있었습니다. 당시 국민들 다수는 국회의 탄핵을 부정적으로 봤고, 그 결과 다음 총선에서 탄핵을 주도한 의원들이 대거 낙선했습니다. 가지고 있는 권한이라고 함부로 행사하면 다음 선거에서 주권을 가진 국민에 의해 심판을 받게 되는 것이죠.

국회의원의 종류와 특권

국회의 권한은 나라의 정책(법률)과 돈(예산), 인사에 이르기까지 미치지 않는 곳이 없습니다. 그런 막강한 영향력을 행사하는 국회의원

은 국민이 직접 투표로 선출하고, 임기는 4년입니다. 4년마다 한 번씩 국회의원 전체를 다시 뽑는 선거를 총선거라고 하는데, 우리나라에서는 만 19세 이상 성인에게 투표권이 있습니다. 한편, 국회의원을 꿈꾸는 사람은 법원에서 유죄 등을 선고받지 않은 25세 이상 국민이면 누구나 출마할 수 있고요.

국회의원은 지역구에서 직접 주민들이 투표하여 선출하는 지역구 의원과 정당 지지율에 따라 선출하는 비례대표의원, 이렇게 두 종류가 있습니다. 그래서 국회의원 선거 때 선거권을 가진 19세 이상 국민은 자신이 속한 지역구 후보자와 지지하는 정당에 한 표씩을 행사하게 됩니다.

우리나라 헌법에서는 국회의원 수를 200명 이상 두도록 규정하고 있습니다. 현재 20대(2016~2020년) 국회의원 수는 300명입니다. 이 가운데 지역구에 출마해 가장 많은 표를 받아 당선되는 지역구 의원은 253명, 정당별 지지율에 따라 선출되는 비례대표의원은 47명입니다.

정당들은 투표일에 앞서 비례대표의원 후보들과 순번을 발표합니다. 선거 뒤엔 전체 투표자의 3퍼센트 이상 지지를 받거나 지역구 당선자를 배출한 정당들을 대상으로 지지율에 비례해 비례대표 의석이 배분됩니다. 예를 들어 한 정당이 총선에서 20퍼센트의 지지를 받았다면 비례대표 후보 9번(47×20%=9.4)까지 비례대표 의원을 배출하

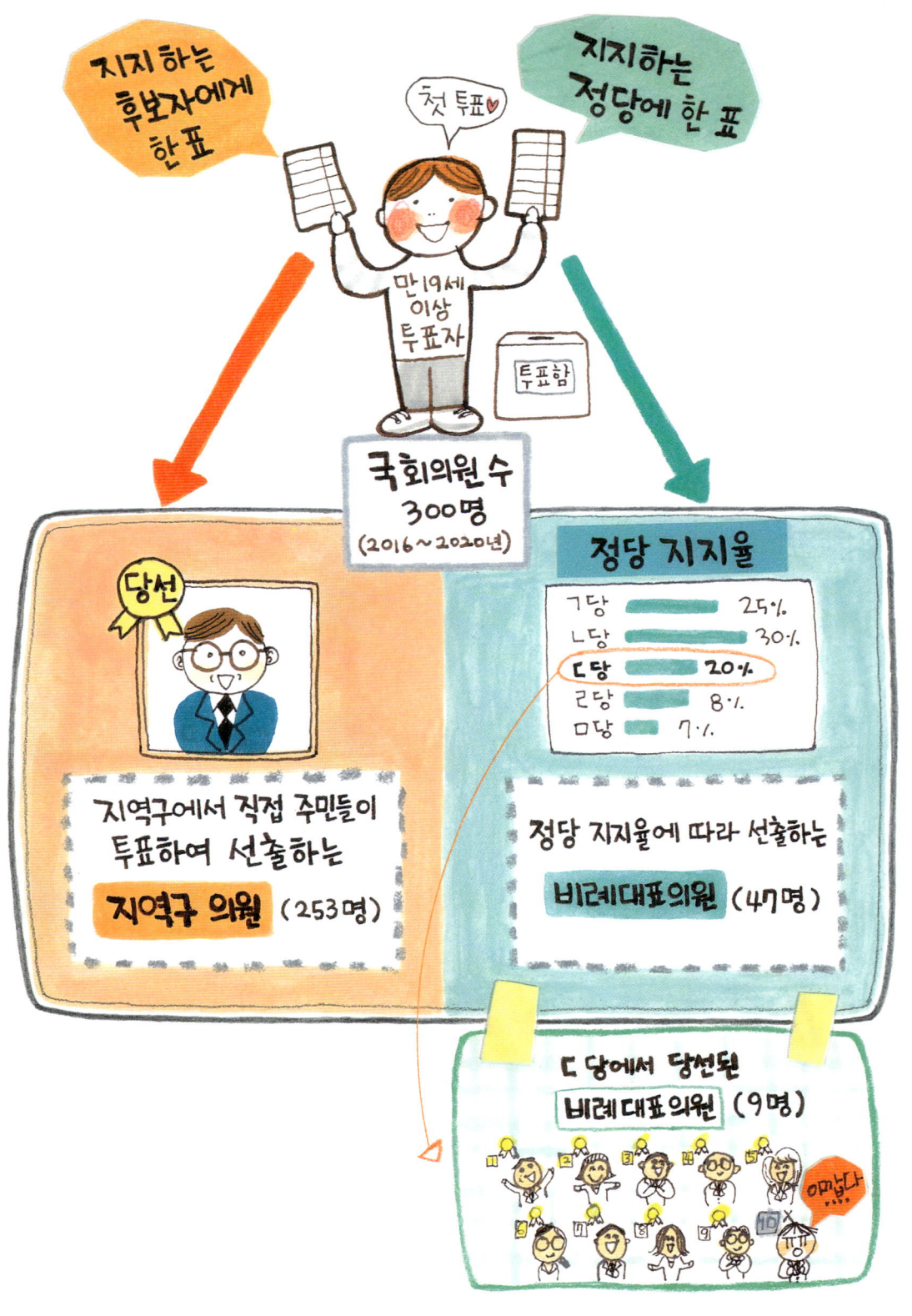

게 됩니다.

앞서 국회의원은 대통령이나 장관이 잘못을 하면 이를 비판할 수 있는 권한이 있다고 했습니다. 그런데 어떤 의원이 대통령이나 장관의 잘못을 비판하다가 명예훼손죄로 고소당해 수사기관에 끌려가거나, 사소한 잘못을 트집 잡혀 구속된다면 어떻게 될까요? 두려워서 비판을 제대로 할 수 없겠지요? 아마도 행정부를 견제하는 임무를 띤 의원들의 활동은 크게 위축될 것입니다.

이를 감안해 우리나라 헌법에서는 국회의원은 국회에서 한 직무상 발언이나 표결에 법적인 책임을 지지 않도록 하고(면책 특권), 국회가 열리는 기간에는 현행범(범죄를 저지르는 현장에서 붙잡힌 범인)이 아닌 이상 국회 동의 없이 체포 또는 구금될 수 없도록 하고 있습니다(불체포 특권).

국회의원은 대개 정당에 소속돼 활동합니다. 정당은 비슷한 정치적 견해를 가진 사람들이 모여 정권을 잡기 위해 노력하고, 정권을 잡아 정치적 이상을 실현하고자 하는 단체입니다. 그러니 각종 선거에 후보를 내고 국민의 선택을 받아 국정을 운영하는 게 정당의 역할이지요. 이런 정당 가운데 대통령이 소속돼 있는 집권당을 여당이라고 하고, 집권하지 못한 정당들을 야당이라고 하죠.

한편 국회의원을 20명 이상 배출한 정당은 교섭단체 자격을 인정받습니다. 교섭단체는 국회 구성이나 의사 진행과 관련한 협의의 주체가 됩니다. 의원들을 어느 상임위에 배치하고 각 상임위의 위원장은 누구로 할지, 본회의는 언제 열지, 국정감사나 국정조사를 실시할지 말지 등 중요한 의사 결정이 교섭단체 사이의 협상을 통해 정해지는 것이죠. 300명 국회의원이 모두 모여 의사 결정을 내리기는 어려운 만큼 일정 규모 이상의 정당 대표자들이 국회 운영과 관련한 여러 사안들을 논의합니다.

국회의원은 국민의 대표이고 국회는 흔히 민의(民백성 민, 意뜻 의)의 전당이라고 합니다. 국민들의 다양한 뜻이 표현되고 소통되는 장이란 얘기겠죠.

하지만 때로는 부정부패와 비리의 온상으로 지탄을 받기도 합니다. 국회의원이 갖는 권한이나 사회적 대우에 심취해 남들 위에서 군림하거나, 국민의 대표라는 직분을 이용해 자신의 호주머니를 채우는 국회의원들도 있을 수 있기 때문입니다.

이런 사람들이 국회의원이 되면 안 되겠죠. 국회의원은 바로 국민들이 뽑습니다. 따라서 선거 때만 되면 표를 얻기 위해 허리를 굽실거리는 정치인들에게 현혹되지 말고 공적인 업무를 수행할 만한 자질이나 태도를 얼마나 갖추고 있는지 잘 살피고 한 표를 행사해야 합니다.

또한 국회의원을 뽑은 뒤에도 내가 뽑은 대표자가 얼마나 국민들의 뜻에 따라 열심히 일하는지 유심히 살피는 게 필요합니다. 그래야만 제대로 된 민주주의가 이뤄질 수 있겠죠.

(2) 경찰

현장 출동은 우리가! 생활안전과

동네 골목길을 순찰하는 경찰차를 본 적 있을 겁니다. 파출소나 지구대처럼 마을에 하나씩 있는 작은 경찰서에 소속된 경찰관들이 둘씩 짝을 지어 경찰차를 타고 마을을 살피는 것이지요. 경찰관들은 평소 두 눈을 번득이며 수상한 사람은 없는지 살피다가도, 무거운 짐을 들고 가는 노인이나 몸이 불편한 주민을 만나면 마음 좋은 옆집 아저씨처럼 짐을 들어 주거나 부축해 주기도 합니다. 가끔 오늘처럼 긴급 상황이 발생하면 바람처럼 현장으로 달려가기도 하고요. 112신고를 했을 때 출동하는 경찰관들은 생활안전과 소속이랍니다. 이들에게 잡힌 범인은 형사과에 소속된 형사들에게 넘겨집니다.

이렇듯 주변에서 가장 자주 접하는 경찰관들은 경찰서의 생활안전과라는 부서에 소속돼 일하는 사람들입니다. '생활안전'이라는 이름이 좀 어색한가요? 주민들이 평소 안전하게 생활할 수 있도록 전반적인 업무를 담당한다는 뜻에서 지은 이름이랍니다.

요즘에는 범죄 예방 등을 위해 큰길은 물론 골목길에도 CCTV가 설치돼 있는 경우가 많습니다. CCTV에 범죄 장면이 녹화되면 범죄 증거물이 돼요. 범인이 범죄를 저지른 뒤 도망친다고 해도 곳곳에 설치한 CCTV를 확인하면 범인의 이동 경로를 파악할 수 있습니다. 이런 CCTV를 제대로 활용하기 위해서는 관내에 설치된 모든 CCTV를 한눈에 파악할 수 있는 관제 센터가 필요해요. 이 관제 센터를 운영하는 부서도 생활안전과랍니다.

강력 범죄는 내가 맡는다! 강력팀

생활안전과 소속 경찰관들에 이어 조금 뒤에는 형사들이 도착했어요. 지구대나 파출소 소속 경찰관들은 경찰복을 입지만, 형사들은 보통 사람들처럼 평상복을 입고 다니기 때문에 신분을 밝히기 전까지는 경찰인지 알아볼 수가 없답니다.

경찰서 형사과 강력팀 소속 형사들은 살인이나 강도, 강간, 유괴, 조직폭력 등 죄질이 무거운 범죄를 전문적으로 수사하는 경찰관입니다. 영화나 드라마에 가장 많이 등장하는 경찰이어서 여러분도 익숙할 거예요.

또 다른 수사부서들

우리는 영화나 드라마에서, 또 실생활에서 생활안전과 소속인 지구대나 파출소 경찰관들과 형사과 소속 강력반 형사들을 주로 접합니다. 그런데 더 자세히 살펴보면 경찰 조직은 우리가 생각하는 것 이상으로 방대하고 복잡합니다. 경찰서에는 보통 8~9개 '과'가 있고, 과마다 적게는 2~3개에서 많게는 10개가량 '팀'이 있거든요.

우선 형사과에는 강력팀 말고도 형사팀이 있어요. 형사팀은 관내에서 강도나 절도 등 범죄가 발생하거나 화재가 난 경우 현장에 출동하고 수사를 진행합니다. 형사팀은 사무실에서 12시간 또는 24시간마다 교대하며 밤샘 근무를 하기도 하지요. 형사팀 형사들은 당직 때 지구대나 파출소에서 1차 조사를 마친 폭행 사건, 택시비나 음식값 떼어먹기 등 비교적 사소한 범죄들을 넘겨받아 처리합니다.

결국 살인·강간·유괴·조직폭력 범죄 등 강력 범죄를 전담하는 게 강력팀이라면, 매일 일어나는 사건·사고는 형사팀에서 담당하는 셈이죠. 연쇄살인처럼 온 국민을 충격에 빠뜨리는 큰 사건이 발생하면 특별수사본부가 꾸려지기도 하는데, 이럴 때는 강력팀, 형사팀 가릴 것 없이 베테랑 형사들이 총동원돼 수사에 투입되곤 합니다.

형사과에는 형사팀과 강력팀의 수사를 뒷받침하는 과학수사팀도 있습니다. 범죄 발생 현장에 출동해 각종 증거를 수집하고, 지문과 핏자국(혈흔), 머리카락 등을 채취하여 범죄 용의자를 특정할 수 있도록 지원하는 것이 이들의 업무입니다. 현장 보존과 사진 촬영, 거짓말 탐지기 운영 등도 과학수사팀이 하는 일이고요. 이들은 미국 드라마 〈CSI〉 시리즈의 주인공들과 같은 역할을 하는 경찰관입니다. 〈CSI〉에서는 첨단의 과학 수사로 범인을 잡는 '과학수사대'의 활약이 펼쳐집니다.

형사과 경찰들은 흔히 형사라 불립니다. 형사들은 맨몸으로 범인을 상대하는 경우가 잦아 평소 운동을 열심히 하고, 무술 실력도 뛰어납니다. 옷 속에 권총을 숨기고 다니는 경우도 많아요. 언제 어떤 상황에

서 범죄를 저지른 이들을 제압하고 체포해야 할지 모르기 때문입니다.

여성청소년과는 여성과 청소년, 아동을 상대로 한 범죄 수사를 담당합니다. 요즘 사회적 문제가 되고 있는 성범죄, 학생들 사이에서 일어나는 구타나 집단따돌림 같은 학교 폭력, 어른들이 어린아이를 함부로 대하는 아동학대 사건 등을 주로 다루지요.

형사과나 여성청소년과가 사람의 신체와 관련된 범죄를 주로 수사한다면, 수사과는 신체 접촉 없이 경제적, 정신적, 사회적으로 남에게 해를 끼치는 지능 범죄를 담당합니다. 수사과는 경제팀과 지능팀, 사이버수사팀 등으로 구성돼 있어요.

우선 경제팀은 주로 사기 사건을 수사합니다. 가령 어떤 상인이 고장 난 물건을 비싼 값에 팔고도 시치미를 뗄 경우 경찰에 고소장을 제출하면 수사과 경제팀에 사건이 배당돼 수사에 나서게 됩니다. 경제팀에서는 이 밖에도 밀수, 위조지폐 제작, 가짜 수표 사용, 공금 횡령 등 경제 범죄를 주로 수사합니다.

지능팀에서는 뇌물을 받은 공무원, 대통령 또는 국회의원 선거 때 일어나는 불법·부정 행위 등을 수사해요.

사이버수사팀에서는 온라인 매매 사이트에서 돈을 입금 받은 뒤 물건을 보내지 않거나 온라인게임 아이템을 판다며 돈을 받고 연락을 끊는 인터넷 사기, 불법 인터넷 도박, 해킹 등의 사이버 범죄를 수사합니다. 또한 수사기관이나 금융기관을 사칭해 전화를 걸어 금품을

뜯어내는 보이스피싱 범죄도 사이버수사팀 업무 가운데 하나입니다.

한편 경찰서에는 범죄자들을 임시로 가둬 두는 유치장이 있는데, 이를 관리하는 것도 수사과의 업무입니다.

원래 경찰서에서 수사를 담당하는 부서는 수사과 하나뿐이었어요. 그런데 사회가 복잡해지고 인구가 늘어나면서 범죄의 종류와 양도 크게 증가했고, 그에 따라 수사과에서 형사과가 독립해 강력 범죄를 담당하게 됐어요.

비슷한 이유로 처음에는 생활안전과 소속이었던 여성청소년계가 여성청소년과로 독립해 나왔습니다. 게다가 요즘엔 과학 수사나 사이버 범죄 수사의 중요성이 강조돼 관련 부서 규모가 확대되어 가고 있어요. 경찰 부서 조직도 사회 변화에 발맞춰 끊임없이 변해 가고 있는 셈이죠.

또한 교통안전을 책임지는 부서인 교통과도 있습니다. 과속이나 신호 위반을 단속하는 교통경찰들이 활약하는 부서이지요. 교통과 경찰관은 교통사고가 나면 증거를 수집하고 목격자를 조사하는 등 수사를 진행합니다. 더불어 교통사고를 내고 도망친 뺑소니 수사와 음주 운전 단속도 교통과 경찰관의 중요한 업무입니다.

마지막으로 보안과는 간첩 수사와 외국인 관련 범죄 수사를 전담합니다.

경찰인데 수사를 하지 않는다고?

경찰서에는 수사를 하지 않는 부서도 여럿입니다. 이런 부서를 비수사 부서라고 하는데, 경비과와 정보과가 대표적입니다. 경비과는 대사관 같은 관내 중요 시설을 경비하고, 중요 인물을 경호하는 일을 담당합니다. 또 큰 시위가 발생하면 검문검색을 하거나 시위대 진압에 나서기도 하지요. 시위 현장에서 흔히 볼 수 있는, 방패를 들고 헬멧을 쓴 경찰관들이 경비과 소속입니다.

정보과는 치안 관련 정보를 수집하고 분석하는 부서예요. 정보과 경찰들은 평소에 사람들을 만나 대화를 나누고 접촉하면서 공식적으로 신고가 들어오지 않은 범죄와 관련된 첩보를 수집합니다. 신고를 할 만큼 확실한 근거는 없지만 범죄와 관련된 어떤 소문이 돌고 있다면 정보과 경찰관에게 접수가 되고, 기본적인 사실 관계 확인을 거쳐 범죄가 확실하다고 판단되면 수사 부서로 넘겨져 본격적인 수사로 이어지는 것이지요.

경무과는 경찰서의 살림살이를 책임지는 부서예요. 경찰관들을 어느 부서로 배치할지 결정하고, 경찰관에게 월급과 수당을 지급하며, 경찰들이 사용하는 순찰차부터 컴퓨터까지 각종 물품들을 관리하죠. 또 언론을 통해 시민들에게 알릴 일이 생기면 보도자료를 내거나, 신문사나 방송국 등의 취재에 협조해 주는 홍보 업무를 담당합니다. 민원 안내와 각종 행사 준비 및 진행도 경무과 업무입니다.

마지막으로 청문감사관실은 경찰관들이 규정에 따라 제대로 업무를 처리했는지 조사하는 부서입니다. 만약 경찰서를 찾은 시민이 경찰관에게 부당한 대우를 받거나 경찰관이 일처리를 잘못 했다고 신고하면 청문감사관실에서 진상 조사에 나섭니다. 이 과정에서 경찰관 잘못이 확인되면 징계 절차를 밟게 되겠죠.

경찰서는 대개 시·군·구와 같은 기초자치단체마다 한 개씩 설치돼 있습니다. 그 위 광역시·도 단위별로 지방경찰청이 있고, 또 그 위에는 전체를 총괄하는 경찰청이 있습니다.

종합 치안서비스 제공

이렇듯 복잡하고 방대한 게 경찰 조직이지만 어떻게 보면 간단한 게 경찰의 임무와 역할이랍니다. 국민의 생명과 신체, 재산을 보호하기 위해 만든 국가기관!

실제로 누구나 위급 상황에 처했을 때 가장 먼저 찾는 게 경찰입니다. 경찰은 공공질서 유지와 범죄 예방 활동으로 국민의 안전을 지키고, 범죄가 발생하면 수사에 착수해 법을 어긴 사람들을 잡는 기관인 것이죠. 이렇듯 국가라는 공동체의 안녕과 질서를 유지·보전하는 것을 치안(治 다스릴 치, 安 편안 안)이라고 하는데, 종합 치안서비스를 제공하는 기관이 바로 경찰이랍니다.

경찰서 조직도

경찰서장 — 경찰서 업무 총괄 지휘

- **경무과** — 인사·경리·시설 관리 등 살림살이
- **생활안전과** — 지구대·파출소 등 일선 치안 담당
- **여성청소년과** — 폭력·아동학대 사건 등 수사
- **수사과** — 사기·뇌물·선거 범죄 등 수사
- **형사과** — 살인·폭행 등 신체 관련 범죄 수사
- **교통과** — 교통통제 및 안내·뺑소니 등 수사
- **경비과** — 주요 시설 경비·주요 인물 경호·시위 대처
- **정보과** — 범죄 관련 정보 수집
- **보안과** — 간첩·외국인 관련 사건 수사

*각 경찰서에 따라 조금씩 차이는 있습니다. 가령 교통과와 경비과가 교통경비과로, 정보과와 보안과가 정보보안과로 묶여 있기도 합니다.

경찰 계급도

계급	보직과 업무
치안총감	경찰의 최고 지위인 경찰청장
치안정감	경찰청 차장, 서울·경기남부·부산·인천지방경찰청장, 경찰대학장
치안감	지방경찰청장, 경찰청 국장, 경찰교육원장, 중앙경찰학교장
경무관	서울·경기남부·부산·인천지방경찰청 부장, 지방경찰청 차장, 경찰청 심의관
총경	경찰서장, 경찰청·지방경찰청 과장
경정	경찰서 과장, 경찰청·지방경찰청 계장
경감	지구대장·파출소장, 경찰서 계장·팀장
경위	지구대·파출소 순찰팀장, 경찰서 반장
경사	경찰서·지구대·파출소 치안 실무자
경장	경찰서·지구대·파출소 치안 실무자
순경	경찰서·지구대·파출소 치안 실무자

경찰에 검거된 편의점 강도 용의자 김수배가 이번엔 검찰청에서 나정의 검사에게 조사를 받고 있습니다. 경찰은 범인을 검거해 조사를 한 뒤 사람과 사건 기록 전부를 검찰로 넘깁니다. 이를 송치라고 하죠. 경찰은 범인을 체포하고 1차 조사를 할 수는 있지만 재판에 넘길 수는 없습니다. 그 일은 검찰의 임무이거든요. 사건을 송치받은 검찰은 수사 기록을 검토하고 재판에 넘길지 여부를 결정하게 됩니다. 경우에 따라서는 추가 수사를 진행해 피의자(범죄 혐의가 있지만 아직 재판에 넘겨지지 않은 사람)의 또 다른 범죄 혐의 또는 공범의 존재를 밝혀내기도 합니다. 반대로 경찰은 혐의가 있다고 봤지만 검찰 조사에서 혐의가 없다고 결론이 뒤바뀌기도 하지요.

편의점 강도 사건은 CCTV에 범행 장면이 고스란히 녹화된 데다 종업원이 김수배를 범인으로 지목해 간단히 처리되는 듯했습니다. 하지만 김수배가 범행을 부인하면서 검찰 조사가 길어졌습니다.

"김수배 씨, CCTV 기록과 편의점 종업원의 진술까지 모두 당신을 범인으로 지목하고 있습니다. 게다가 당신 휴대전화 이용 기록을 보면 그 시간대에 강도 사건이 발생한 한강동 근처에서 통화한 사실이 나옵니다. 주인이 잠든 사이 휴대전화가 제 발로 걸어 나가 통화라도 하고 온 건가요? 범행을 부인하는 것은 자유지만, 이렇게 증거가 명확한데도 끝까지 부인하면 나중에 법정에서 더 무거운 처벌을 받을 수 있습니다."

"……."

"마지막으로 묻겠습니다. 편의점 강도, 당신 아닙니까?"

"검사님, 사실은…… 사실은……. 흑흑. 제가 한 짓이 맞습니다. 한 번만, 한 번만 봐주십시오. 집에 갓 태어난 아기가 있는데 제가 감옥에 가면 돈 벌 사람이 없습니다. 그날도 집에는 가야겠는데 돈은 없고, 그러다 보니 순간 나쁜 마음을 먹었습니다. 검사님, 한 번만 기회를 주세요. 흑흑. 앞으로는 절대 나쁜 짓 안 하고 성실하게 살겠습니다. 제발요……."

김수배가 결국 범행을 자백했습니다. 하지만 검사의 표정이 밝지는 않습니다. 김수배의 처지가 너무 딱했으니까요.

"지금이라도 진실을 털어놓기 잘하셨습니다. 하지만 흉기로 사람을 위협하고 돈을 빼앗은 행위는 엄하게 처벌받는 중범죄여서 제가 마음대로 봐줄 수 없습니다. 그래도 이렇게 반성하니 제가 할 수 있는 범위 안에서 최대한 선처하도록 노력해 보겠습니다."

"감사합니다. 검사님, 감사합니다……."

검찰의 처분과 공소시효

"부장님, 김수배 씨가 범행을 자백했습니다."

"그래? 그거 잘됐구먼. 나 검사가 고생했네."

"그런데 사정이 딱합니다. 아이가 태어났는데 직업이 없어 돈이 궁

해서 그랬다고 합니다."

"안타까운 일이군. 하지만 너무 큰 범죄를 저질러서 기소하지 않을 수는 없어."

"저도 그렇게 생각합니다. 기소는 하되, 최대한 낮게 구형하도록 하겠습니다."

"그래, 그렇게 해 보자고."

나정의 검사가 직속 상사인 부장검사를 찾아가 보고하고 상의했습니다. 그리고 편의점 강도 사건 피의자인 김수배를 구속 기소하기로 방침을 정했습니다.

수사가 끝나면 검찰은 어떤 처분을 내릴지 결정해야 합니다. 만약 피의자의 죄가 인정된다고 판단하면 재판에 넘기는데, 이를 가리켜 '기소' 또는 '공소제기'라고 합니다.

검찰에서는 조사 결과 피의자가 죄가 없거나 죄를 입증할 수 없다고 판단되면 '혐의 없음(무혐의)' 결정을 내립니다. 또한 모욕죄처럼 피해자가 처벌해 달라고 요청해야 처벌할 수 있는 친고죄에서 피해자가 처벌을 하지 않겠다고 마음을 바꿀 경우, 피의자가 숨져 처벌이 불가능할 경우 등에는 '공소권 없음' 결정을 내립니다. 기소할 권한이 없다는 뜻으로, 결과적으로 무혐의와 같은 효과가 있지요.

종합해 보면 검찰의 처분은 큰 틀에서 재판에 넘기는 '기소'와 죄가 없다고 판단하는 '무혐의'로 나뉩니다. 작은 틀에서 살펴보면 다음과 같습니다.

기소는 일반적인 '기소'와 '약식기소'로 나뉩니다. 죄가 있는 것으로 판단돼 재판에 넘겨진다는 점은 동일하지만, 사안이 가볍고 피의자가 순순히 자백하는 경우에는 약식기소가 이뤄지기도 합니다. 약식기소된 피고인은 재판에 출석하지 않아도 되고, 판사는 서류만 살펴본 뒤 유죄로 판단될 경우 벌금형을 선고합니다.

약식기소보다 더 낮은 수준의 처분도 있습니다. 죄가 있지만 정상을 참작해 기소를 유예하는, '기소유예' 결정입니다. 기소유예 처분을 받은 피의자는 구체적인 처벌을 받지 않습니다.

소설 《레미제라블》에 나오는 장발장처럼 배가 고파서 빵 하나를 훔친 사람이 있다면 어떻게 해야 할까요? 도둑질은 분명히 나쁜 짓이지만 처벌이 능사는 아닐 것입니다. 도둑질이 처음인 데다 깊이 반성하

고, 피해액도 얼마 안 된다면 약식기소해 벌금형 정도가 선고되도록 하는 게 적당하겠죠. 여기에 빵을 훔친 사람이 어린 학생인 데다 피해자도 처벌을 원하지 않는다면, 기소유예라는 더 가벼운 처분을 내리는 게 합당할 것입니다. 기소유예는 '법에도 눈물이 있음'을 보여 주는 제도인 것이죠.

한편 검찰이 처분을 내릴 때는 '공소시효'란 것도 감안해야 합니다. 공소시효 제도는 범죄마다 정해진 일정 기간이 지나면 기소(공소제기)할 수 없도록 하는 것입니다. 범죄가 일어난 뒤 일정 기간 안에서만 처벌이 가능하다는 뜻이지요. 처벌 형량이 사형에 해당하는 범죄는 25년, 10년 이상 징역에 해당하는 범죄는 10년, 5년 미만 징역에 해당하는 범죄는 5년이 지나면 공소시효가 완료되고, 그 이후에는 범죄자를 처벌할 수 없습니다.

그런데 좀 이상하지 않나요? 죄를 지었으면 뒤늦게라도 처벌을 받아야지 왜 공소시효란 걸 만들어 나쁜 사람을 처벌할 수 없도록 했을까요? 일면 타당한 지적이에요. 하지만 대부분 나라에서는 현실적 이유로 공소시효 제도를 운영하고 있어요.

만약 공소시효가 없다고 가정해 봅시다. 우리나라에서는 하루에도 수백, 수천 건씩 범죄가 발생합니다. 해결되지 않은 모든 사건을 계속 수사해야 한다면 새로운 사건을 수사하는 일은 그만큼 미뤄질 수밖에 없습니다. 징역 1~2년짜리 범죄를 20~30년씩 수사하는 게 효율어, 어, 이제 1년만 더 숨어 살면 공소시효 끝나는데 뭐, 뭐하는 거야?!

적이거나 합리적이지는 않습니다. 게다가 대부분 사건은 세월이 흐를수록 진상 규명이 더 어려워집니다. 해결되지 않은 사건들을 계속 쌓아 둔다면 검찰이나 경찰은 묵은 서류 더미에 파묻히고 새로 발생하는 범죄에 신속하게 대응하기도 어려워집니다. 이런 점을 감안해서 범죄마다 처벌할 수 있는 공소시효를 두고, 수사기관이 그 기간 안에 사건을 처리하도록 하고 있습니다. 다만 피의자가 처벌을 피하기 위해 해외로 도피한 경우에는 공소시효 진행이 정지됩니다.

한편 범죄자가 공소시효 기간 동안 일종의 사회적인 처벌을 받는다는 점도 감안해야 합니다. 일단 수배자로 등록되면 수사가 진행되는 동안 경찰 검문이나 검거를 피해 도피 생활을 해야 합니다. 또 직장을 가질 수도, 자신 명의로 된 통장이나 인터넷 아이디를 만들 수도 없습니다. 친척이나 지인들과 접촉하는 것도 자칫 꼬리가 밟혀 검거될 수 있으니 불가능하죠. 여기에 양심의 가책과 언제 검거돼

공소시효 따위 없어져랏!

징역을 살지 모른다는 정신적 고통까지 겹칩니다. 결국 도망자로 살면서 남에게는 말할 수 없는 고통을 느끼게 됩니다. 소설《레미제라블》의 장발장처럼 사소한 죄를 짓고도 평생을 도망자로 살아야 하는 것은 너무 가혹한 처사인 것이죠.

물론 공소시효를 악용하는 경우도 있습니다. 세월이 흘렀다는 이유만으로 범죄자는 공소시효 뒤에 숨어 맘 편하게 다리 쭉 뻗고 지내는데 무고한 범죄 피해자나 그 가족은 아무런 보상도 받지 못하니 억울할 뿐이죠. 이런 현실을 감안해 국회는 2007년 형사소송법을 개정해 살인죄 공소시효를 15년에서 25년으로 늘렸습니다. 2015년에는 아예 살인죄 공소시효를 없앴고요. 다른 범죄는 몰라도 사람의 목숨을 빼앗은 범죄는 시효에 상관없이 수사하고 처벌해야 한다고 결론 내린 것입니다.

검사의 권한, 영장청구권과 기소권

우리나라 검찰은 권한이 막강합니다. 일단 잘못한 사람을 가려내는 수사권은 죄 없는 사람조차 위축될 수 있는 큰 권한입니다. 수사는 경찰도 하지만 두 기관은 수사의 자율성 면에서 큰 차이가 있습니다. 경찰의 수사는 검찰의 통제를 받기 때문입니다. 검찰은 몸소 수사를 하면서 경찰 수사에도 개입한다는 얘기입니다.

수사를 하다 보면 피의자를 구속하거나 피의자의 거주지 등을 강제로 수색하고 증거물을 압수해야 할 때가 있습니다. 피의자의 은행 계좌 정보나 휴대전화 통화 내역 등을 확인해야 할 때도 있지요. 편의점 강도 사건에서 김수배의 자백을 이끌어내는 데 휴대전화 통화 내역이 결정적인 구실을 했던 것처럼요.

이처럼 수사기관이 피의자의 자유를 구속하거나, 공공기관 또는 기업에 보관돼 있는 피의자의 민감한 개인정보를 들여다보는 것을 '강제 수사'라고 합니다. 피의자가 원치 않더라도 강제로 진행하니까요.

강제 수사를 하려면 판사가 발부한 '영장(체포영장, 압수수색영장, 구속영장 등)'이 필요합니다. 범죄자로 의심받는 피의자도 국민이며, 국민이라면 누구나 인권을 존중받을 권리가 있습니다. 수사기관의 의심만으로 감옥에 가거나 자신의 내밀한 정보가 온 천하에 드러난다면 인권이 침해되지요. 이처럼 수사기관이 함부로 인권을 침해하는 상황을 막기 위해 헌법에서는 독립된 기관인 법원의 판사가 발부한 영장에 의해서만 강제 수사를 할 수 있도록 규정하고 있습니다.

그런데 검사만이 판사에게 영장을 발부해 달라고, 즉 영장을 청구할 수 있습니다. 경찰은 강제 수사를 하기 위해 검찰에 영장을 신청하고, 검찰은 경찰이 신청한 내용을 검토해 법원에 영장을 청구합니다. 만약 검찰이 영장을 반려하면 경찰이 신청한 영장은 판사 근처에도 못 가며, 경찰은 강제 수사를 진행할 수 없습니다.

편의점 강도 사건의 경우도 경찰이 신청한 영장을 검찰이 받아들이

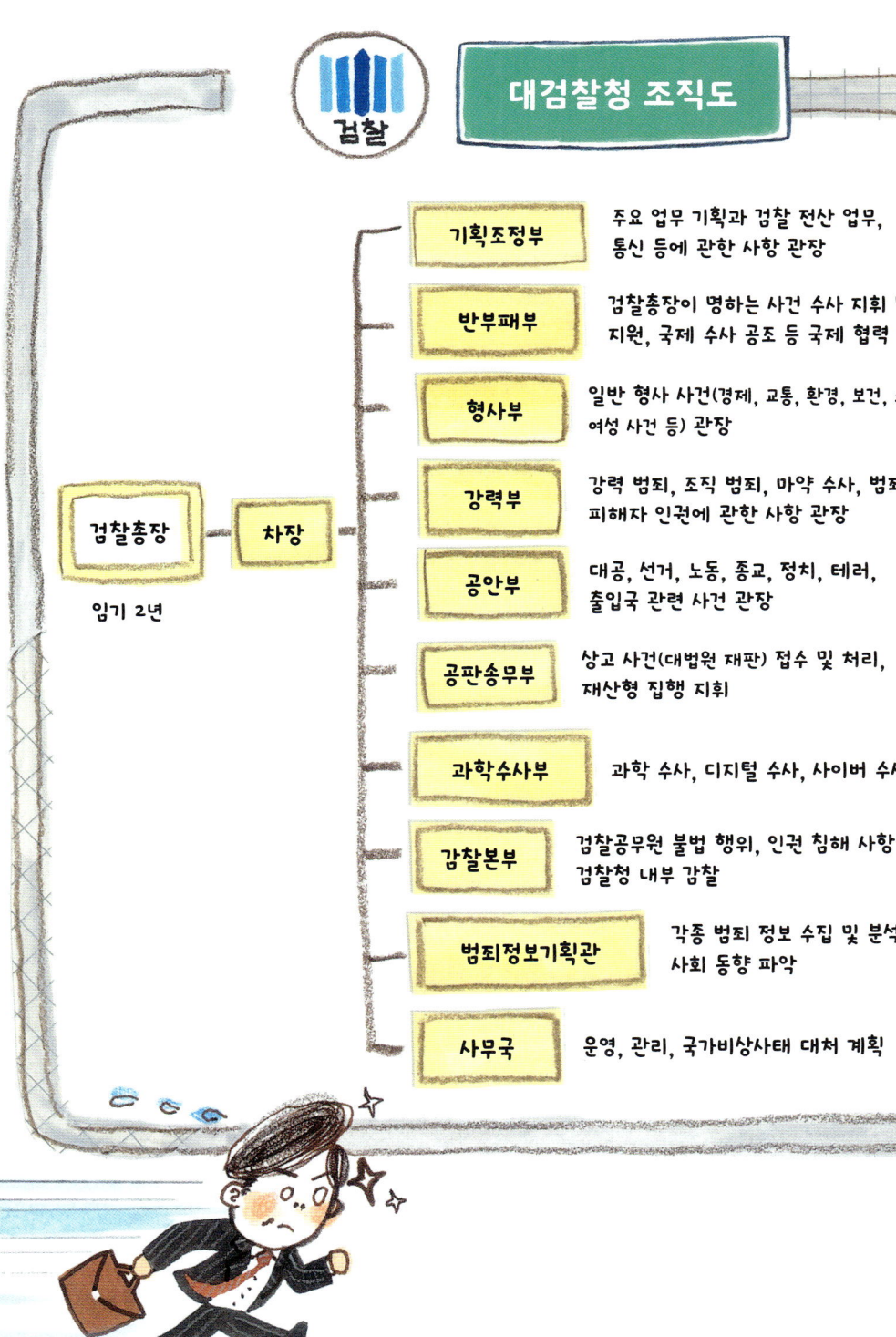

고, 검찰이 청구한 영장을 법원이 발부해서 김수배를 구속할 수 있었습니다. 휴대전화 통화 기록도 검사가 청구한 영장을 판사가 발부해 줘 경찰이 손에 넣을 수 있었던 것입니다.

검찰은 범죄를 저지른 것으로 의심되는 피의자를 재판에 넘길 수 있는 기소권도 가지고 있습니다. 피의자를 재판에 넘길지 여부를 결정하는 것은 검찰의 고유 권한입니다. 따라서 경찰에서 수사한 사건도 최종적으로는 검찰이 기소 여부를 판단합니다.

또한 검찰은 법원에서 유죄를 선고한 피고인의 형 집행도 책임집니다. 법원에서 징역형을 선고하면 검사는 구속지휘서에 근거해 피고인은 교도소나 구치소에 수감됩니다. 징역을 살다가도 꼭 필요한 치료를 받거나 부모님이 돌아가시는 경우 등에 한해 병원이나 집에서 일정 기간 지낼 수 있는데, 이런 형 집행 정지도 검사의 명령에 의해서만 가능합니다. 우리나라에서 검찰은 수사–기소–재판–형 집행에 이르기까지 범죄와 관련된 모든 절차에 개입할 수 있는 막강한 권한을 가지고 있는 셈입니다.

공정한 수사와 재판을 위한 권력 나누기

그렇다면 우리나라 검찰은 왜 이렇게 많은 권한을 가지고 있을까요? 의문을 풀기 위해서는 우선 형사 사법, 즉 형사 사건 수사와 재판의 역사를 거슬러 올라가야 합니다.

《춘향전》 이야기를 떠올려 보도록 하죠. 춘향이를 수사한 주체, 재판한 주체는 누구죠?

그런데 수사한 사람이 재판도 한다면 과연 공정한 재판이 가능할까요? 수사기관은 범죄를 저질렀다는 의심에서부터 수사를 시작하는데, 죄인이 혐의를 부인하면 '괘씸하게 죄를 부인해?'라고 생각하기 십상이지요. 춘향이도 억울하게 유죄를 선고받았잖아요.

서양도 마찬가지였어요. 멀쩡한 여성을 마녀로 몰아 모진 고문으로 억지 자백을 받아 내서 화형시킨 마녀재판이 대표적이에요. 고을 영주와 성직자가 수사를 지시하고, 이들이 재판까지 주관한 거죠. 죄가 있다고 여겨 수사를 지시했으니, 당연히 재판에서 유죄를 선고하겠지요?

모진 고문 뒤……

18세기 이후 인권 의식이 생기고 민주주의가 발달하면서 공정한 수사와 재판을 위한 여러 가지 제도가 도입돼요. 대표적인 게 '무죄추정의 원칙'입니다. 말 그대로 수사기관에 의해 체포되거나 구속됐어도 법원에서 형이 확정되기 전까지는 원칙적으로 죄가 없는 것으로 본다는 뜻입니다. 이 원칙에 따르면 아무리 큰 죄를 지은 의심이 들더라도 수사와 재판은 신체의 자유가 보장된 상태에서 진행돼야 합니다. 그런데 피의자가 도망가거나 범죄 증거를 일부러 없앨 수도 있잖아요. 이런 경우에 한해서만 판사가 영장을 발부해 구속해 놓고 수사와 재판을 받도록 합니다. 즉 불구속 상태에서 수사와 기소를 진행하는 것이 원칙이고, 판사가 영장을 발부한 예외적인 경우에만 구속 상태에서 수사와 재판을 진행하는 것입니다.

이런 무죄추정의 원칙은 형사 사법 절차에서 가장 중요한 원리 가운데 하나입니다. 어떤 행위를 범죄로 보고, 어떤 처벌을 내릴지는 형법과 같은 일반 법률에 따라 이뤄지는데, 무죄추정의 원칙은 그보다 높은 헌법에서 '형사 피고인은 유죄 판결이 있을 때까지는 무죄로 추정한다'(27조 4항)고 규정하고 있거든요.

공정한 수사와 재판을 위한 또 다른 제도적 노력으로 형사 사법 절차 속 여러 권한을 분리시켜 놓았어요. 수사와 재판의 주체가 같으면 여러 부작용이 생기니 권한을 나눈 것이죠. 재판만 담당하는 곳을 따로 두게 된 것인데, 이게 바로 삼권분립이에요. 수사권을 가진 행정부

나 법률을 만드는 입법부와 별도로 사법부에 소속된 판사들이 독립된 위치에서 법률을 해석해 결정(재판)을 내리도록 한 것이죠.

그런데 이것만으로는 부족했어요. 수사기관의 힘이 여전히 컸거든요. 수사기관의 일탈을 막고, 법의 테두리 안에서 수사가 이뤄지도록 관리·감독할 필요가 있었지요. 그래서 수사권에서 기소권과 영장청구권을 떼어 내어 검사에게 준 것입니다.

검사는 경찰처럼 행정부 소속 공무원이지만, 그와 동시에 판사처럼 변호사 자격증이 있는 법률 전문가입니다. 수사기관(경찰)이 수사 과정에서 함부로 인권을 침해하지 않고 절차를 지키도록 법률전문가로 하여금 이를 관리·감독하도록 한 것입니다. 하지만 우리나라에서는 경찰을 통제하기 위해 만든 검찰이 직접 수사를 너무 많이 하는 데다 권한도 강해 제도 개선이 필요하다는 지적도 있습니다.

특별검사의 등장

검찰이 국민들의 불신을 받은 바탕에는 구조적인 요인이 깔려 있어요. 판사와 검사의 차이점을 통해 이해해 보도록 하죠. 판사는 사법부 소속 공무원이지만 재판은 독립해서 진행해요. 대법관이나 법원장 같은 고위직들도 개별 재판 내용에 왈가왈부할 수는 없어요. 오직 법률과 양심에 기초해 판사가 해당 사건의 결론을 내리는 것이죠. 단독 재판부일 경우에는 판사 한 명이, 합의 재판부일 경우 판사 세 명이 상의해서 재판의 결론을 내립니다.

그런데 행정부 소속 공무원인 검사는 상관의 지시를 받아 업무를 처리해야 해요. 조직의 일원이니까요. 실제 영장을 청구하거나 누군가를 기소하려면 내부에서 정한 절차에 따라 상관의 결재부터 받아야 합니다. 또한 행정부 소속 공무원의 인사권은 행정부의 수장인 대통령에게 있어요. 전국 검사들을 지휘하는 검찰총장과 그 위에 있는 법무부장관은 대통령이 직접 임명하고, 법무부장관과 검찰총장은 청와대(대통령)와 상의한 뒤 허락을 받아 검찰 고위직 인사를 결정합니다. 대통령이나 장관 등에게 미움을 산 검사는 승진에서 누락되거나 원하지 않은 지방으로 좌천될 수도 있다는 뜻입니다.

그런데 만약 대통령이나 검찰 고위직이 잘못을 저지르면 어떻게 될까요? 검사가 수사를 해야 할 텐데 자신의 상관이나 인사권을 가진 이들을 제대로 수사하고 기소할 수 있을까요? 검사도 사람인지라 윗사람의 눈치를 보지 않을 수 없을 것입니다. 또 담당 검사가 용기 내서 법대로 처리한다 해도 상관들이 압력을 가하거나 부당한 지시를 내릴 수도 있습니다.

그렇다면 경찰에 수사를 맡기면 어떨까요? 상관의 지시에 따라 일사불란하게 움직이기는 경찰도 마찬가지입니다. 경찰 또한 행정부 소속으로 대통령에게 최종 인사권이 있죠. 또 수사 과정에서는 검찰 지휘까지 받아야 해 상황은 별반 다르지 않습니다.

그래서 등장한 게 특별검사(특검) 제도입니다. 검사나 경찰에 맡기면 수사의 공정성이나 신뢰성을 확보하기 어렵다고 여겨지는 사건이 발생하면 법무부 인사 대상도 아니고 수사 지휘를 받지도 않는 변호사를 특별검사로 임명해 수사하도록 하는 것입니다. 특별검사는 주로 검찰이나 경찰에 영향력을 행사할 수 있는 대통령 등 고위 공직자나 그 가족에 대한 수사를 맡게 됩니다.

특별검사는 특별검사보와 특별수사관을 선정해 검찰청이 아닌 제3의 장소에서 독립적으로 활동하며, 검찰청법과 형사소송법에서 규정하는 검사의 모든 권한을 행사할 수 있습니다.

우리나라에서는 1999년 특별검사 제도가 처음으로 도입됐고, 이후 2012년까지 대통령 측근 비리나 재벌 비자금 의혹 사건 등 정치적으로 큰 논란이 일었던 11가지 사건에서 특별검사가 임명돼 수사를 진행했습니다. 특별검사는 검찰이 무혐의 처분했던 대통령 측근들을 기소해 유죄 판결을 받아내는 성과를 내기도 했고, 의혹이 사실무근이라는 결론을 내리기도 했습니다.

2014년에는 대통령의 배우자와 4촌 이내 친족, 수석비서관 이상 청

와대 고위 공직자의 범죄 혐의를 조사하는 특별감찰관 제도가 도입되기도 했습니다.

공익의 대표자

개개인끼리의 다툼인 민사재판에서는 당사자들이 서로 자신의 주장을 펴고, 판사는 좀 더 설득력 있는 쪽의 손을 들어줍니다. 하지만 범죄를 다루는 형사재판에서는 사건의 당사자라고 할 수 있는 피해자와 가해자가 마주 서지 않습니다.

살인이나 절도 같은 범죄가 일어났는데, 피해 당사자에게 '가해자를 알아서 잡아와서 처벌하거나 보복해라' 하고 놔두지도 않습니다. 이런 형사 사건에서는 국가가 피해자를 대신해 가해자의 책임을 추궁하고 벌을 줍니다. 여기서 실제 국가의 역할을 대신하는 '공익의 대표자'가 바로 검사입니다.

공익을 대표하려면 어떤 자질이 필요할까요? 바로 정의감입니다. 옳고 그름을 명확히 가리고, 불의에 고분고분 타협하지 않아야 상대가 누구든 법대로 엄정하게 사건을 처리할 수 있지요. 또한 그에 못지않게 중요한 게 균형감입니다. 자칫 자신만이 정의를 실현한다는 오만에 빠지면 판단력이 흐려질 수 있거든요. 여기에 죄는 미워하되 사람은 미워하지 않는 따뜻한 마음까지 갖춘다면 100점짜리 검사가 되겠지요.

(4) 법원

재판의 진행과 선고

편의점 강도 혐의로 기소된 김수배의 재판이 열리고 있습니다.

편의점 강도 김수배는 결국 특수강도죄로 기소돼 법정에 섰습니다. 야간에 흉기를 이용한 강도죄는 징역 5년 이상이 선고되는 특수강도죄에 해당합니다. 한편 일반 강도죄는 징역 3년 이상에 처해집니다.

법정에서 열리는 재판을 공판이라고 합니다. 공판 때는 증거 채택을 두고 검찰과 변호인 쪽이 실랑이를 벌이는 경우가 많습니다. 피고인 쪽이 검찰에서 작성한 조서의 증거 채택에 반대하면 법정에서 당사자를 다시 불러다 놓고 검사와 변호사 양쪽이 신문을 합니다. 그러면 검찰은 이미 조사했던 내용을 반복해야 하고, 피고인이나 참고인이 진술을 뒤바꿀 수도 있으니 탐탁지 않겠지요. 피고인이 조서를 증거로 채택하는 데에 동의하지 않으면 판사는 검찰 신문 조서를 유무죄 판단의 근거로 삼을 수 없습니다.

하지만 김수배는 자신의 죄를 모두 인정하고 검찰에서 진술한 내용이 사실이라고 밝히며 조서를 증거로 채택하는 데에 동의했습니다. 따라서 판사는 조서에 나온 내용을 바탕으로 유무죄를 판단할 수 있습니다.

김수배가 반성하고 협조한 만큼 나정의 검사도 조사실에서 약속한 대로 김수배에게 가장 낮은 징역 5년을 구형했습니다. 구형은 피고인에게 어느 정도의 처벌을 내려 달라고 검사가 판사에게 요청하는 것입니다. 같은 죄를 지었다 해도 죄질, 반성 또는 피해자 보상 여부 등을 감안해 구형량을 달리 합니다.

일주일 뒤 같은 법정에서 선고가 내려졌습니다.

"김수배에게 징역 3년에 집행유예 5년을 선고한다. 증거를 종합해 본 결과 피고인 김수배의 유죄가 인정된다. 다만 지금까지 한 번도 형사 처벌을 받지 않은 초범인 데다 피해자와 합의하고 깊이 잘못을 뉘우치고 있는 점을 감안했다."

판결이 내려지자 김수배와 변호인은 얼싸안았어요. '징역 3년에 집행유예 5년'이란 말은 징역 3년형을 선고하되 집행을 5년 동안 미룬다는 말이에요. 그 5년 동안 별다른 범죄를 저지르지 않으면 5년이 지난 뒤 징역 3년형은 사라집니다. 결국 이날 선고로 김수배는 풀려날 수 있게 되어 기쁜 마음에 변호인과 얼싸안고 웃음을 지은 것입니다.

조금이라도 애매하면 무죄

김수배의 재판을 진행한 판사도 사실 고민을 많이 했습니다. 아무리 사람이 불쌍해도 죄가 있다면 처벌해야 하잖아요. 형사재판에서 가장 중요한 것은 증거입니다. 범행을 저질렀다는 명확한 물증이 있어야 유죄 판결을 내릴 수 있습니다. 편의점 강도 사건은 CCTV와 김수배의 휴대전화 통화 내역, 종업원의 진술 등을 종합해 봤을 때 유죄가 분명했어요. 당사자도 죄를 인정했고요.

만약 당사자가 부인했다면 어떻게 되냐고요? 증거나 증언이 충분하지 못하면 무죄를 선고해야 합니다.

형사재판에서 적용되는 원칙 가운데 '의심스러우면 피고인의 이익으로 해라'라는 게 있어요. 죄가 있는 것도 같고 없는 것도 같으면 피고인의 손을 들어줘야 한다는 말이에요. 동등한 개인끼리 맞붙은 민사재판에서는 조금이라도 더 설득력 있는 주장을 하는 쪽의 손을 들어줍니다. 하지만 형사재판에서는 피고인이 범인이 아닐 가능성이 10~20퍼센트만 있어도 무죄를 선고하고 풀어 줘야 합니다.

또한 민사재판에서는 각자가 자신의 주장을 입증해야 합니다. 하지만 형사재판에서는 죄를 입증할 책임이 검사에게 있습니다. 형사재판은 국가를 대신한 검사와 피고인 개인이 맞붙는 재판이에요. 강제 수사권을 비롯한 막강한 권력을 가진 쪽이 유리할 수밖에 없기에 검사가 피고인의 죄를 명확하게 입증할 책임이 있습니다. 반면에 피고인은 죄를 저지르고도 혐의를 부인할 권리가 있지요.

형사재판을 이런 구조로 만들어 놓은 이유는 과거에 재판을 통해 억울하게 누명을 쓴 사람들이 너무나도 많았기 때문입니다. 그래서 조금이라도 의심스러우면 피고인의 손을 들어주도록 한 것이죠. 범인 10명을 놓치더라도 무고한 1명을 벌해서는 안 되는 것이 근대 사법의 원칙입니다.

하지만 김수배는 증거도 명확했고, 당사자가 자백도 한 터라 판사는 김수배가 범인이 아닐 가능성이 있다고 의심하지 않았어요. 결국 유죄를 선고할 수밖에 없는데, 김수배에게 적용된 특수강도죄는 징역 5년 이상에 처하도록 형법에 규정돼 있어요. 하지만 판사 직권으로 최소 형량의 절반까지 줄여서 선고할 수 있어요. 논리적으로 판사가 가장 낮게는 징역 2년 6개월을 선고할 수 있습니다.

게다가 3년 이하 징역은 판사가 그 집행을 유예해 줄 수 있습니다. 검사가 기소유예를 결정해 비교적 사소한 범죄를 저지른 이에게 한 번 더 기회를 주듯이 판사는 집행유예라는 제도를 통해 처벌을 면제받고 바르게 살 수 있는 기회를 주는 것입니다. 단, 집행유예 기간 동안 또 다른 범죄를 저질러 법정에서 유죄가 인정되면 그전에 유예됐던 징역까지 살아야 합니다. 김수배의 경우 5년 이내에 다른 범죄를 저질러 유죄가 선고되면 면제될 뻔한 징역 3년을 더해서 살아야 한다는 뜻입니다.

법이 있어야 처벌한다! 죄형법정주의

무죄추정의 원칙과 더불어 형사재판에 적용되는 중요한 원칙으로 '죄형법정주의'가 있습니다.

'김수배는 왜 유죄 판결이 내려졌을까?'라고 물으면 여러분은 뭐라고 답할까요? '죄를 지었으니까!', '강도는 나쁘니까!'라고 대답하겠지요. 그럼 김수배에게 내려지는 형량은 어떻게 정할까요? 판사 마음대로 할까요?

판사는 마음대로 재판을 할 수 없어요. 죄를 처벌하는 데에는 적합한 법적 근거가 있어야 합니다. 편의점 강도 사건의 경우 김수배가 저지른 특수강도죄가 형법에 나와 있으니 처벌할 수 있습니다. 만약 그런 죄가 법으로 정해져 있지 않다면 당연히 처벌할 수 없지요.

인터넷에 남을 비방, 모욕하는 글을 함부로 올리면 사이버 명예훼손죄에 해당돼 7년 이하 징역이나 5천만 원 이하 벌금형 처벌을 받을 수 있어요. 하지만 2000년까지만 해도 사이버 명예훼손죄가 없었고

근거 없는 비방글을 올리면 사이버 명예훼손죄로 처벌받습니다. 인터넷에서의 인신공격은 빠르고 광범위하게 퍼져 일반 명예훼손죄보다 처벌 수위도 높아요!

처벌은 거의 불가능했어요. 형법에 규정된 일반 명예훼손죄를 인터넷 활동에도 적용할 수는 있었지만, 징역 2년 이하로 형량도 낮았고 실제 사례도 별로 없었답니다.

그러나 인터넷 사용이 일반화되고 온라인에서 인신공격과 비방 사례가 늘자 국회는 2001년 사이버 명예훼손죄를 만들었습니다. 인터넷상에서 명예훼손은 오프라인에서보다 빠르고 광범위하게 퍼지고 오래 남을 수 있는 만큼 형법에 있는 기존의 명예훼손죄보다 처벌 수위도 높였지요. 사회가 변하면서 새로운 문제가 발생하자 이를 처벌하는 법률을 별도로 만들어 제대로 된 죄형법정주의가 이뤄지도록 한 것이죠.

재판은 삼세판까지!

다행히 판사가 형을 줄이고 집행까지 유예해 줬지만 김수배가 마냥 안심할 수는 없습니다. 1심 판결에 불만을 품은 검찰이 다시 재판을 하자고 할 수도 있거든요. 이렇듯 1심 재판 결과에 승복하지 못해 2심 재판을 청구하는 것을 '항소'라고 해요. 항소는 검찰과 피고인 양쪽 모두 가능합니다. 즉, 김수배도 집행유예 판결에 불만이 있다면 항소할 수 있습니다.

1심 재판은 지방법원 또는 지원에서 열려요. 드라마나 영화에서 보면 재판을 주관하는 판사가 1명일 때도 있고, 3명일 때도 있어요. 비교적 가벼운 범죄는 단독 판사 1명이 재판을 하고, 무거운 범죄는 판사 3명으로 구성된 합의부에서 재판을 합니다.

단독 판사가 내린 재판 결과에 항소하면 지방법원 합의부에서 다시 재판을 받습니다. 만약 합의부 재판 결과에 항소하면 전국 5곳에 위치한 고등법원에서 다시 재판을 받게 되지요. 어느 경우든 항소를 진행하는 판사는 1심을 진행하는 판사보다 경력이 많은 판사입니다. 다양한 경험을 쌓은 판사가 더 신중하게 결정을 내리라는 취지입니다.

항소심 재판을 하고도 어느 한쪽이 수긍하지 않으면 재판을 또다시 받을 수 있습니다. 2심 재판에 불만이 있어 3심 재판을 청구하는 것을 '상고'라고 하는데, 대법원에는 한 해 수만 건의 상고 사건이 접수

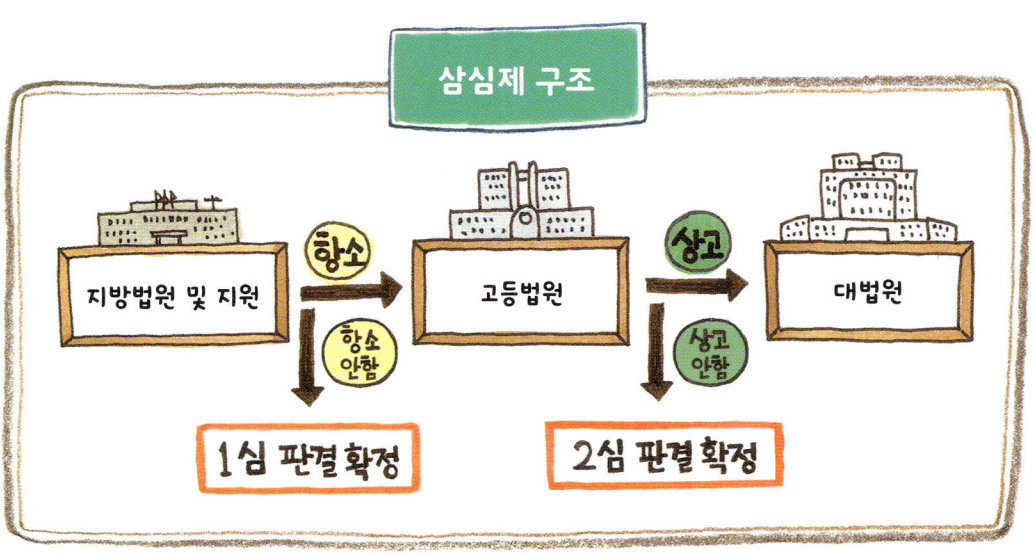

됩니다. 따라서 1, 2심처럼 피고인이나 증인을 불러 재판을 진행하는 일은 매우 드뭅니다. 재판 서류를 검토해 1, 2심 진행에서 법률적 하자를 발견하거나, 기존 판례와 다른 판단을 내렸을 경우 등에 한해 재판 결과를 파기하고 항소심 법원에서 다시 재판을 하도록 합니다. 하지만 대법원에서 이처럼 항소심 판결 결과가 뒤집히는 경우는 실제로 5퍼센트도 채 안 된답니다.

그렇다면 재판을 왜 3번까지 받을 수 있도록 한 것일까요? 재판은 그 결과로 피고인의 운명을 좌우할 수 있고, 사회에도 큰 영향을 끼칠 수 있습니다. 한 사람의 운명을 바꿀 수 있는 재판은 그 중요성을 아무리 강조해도 지나치지 않습니다. 문제는 판사도 사람인 만큼 잘못 판단할 수 있다는 점입니다. 따라서 최대한 정확하고 공정한 결론을 내릴 수 있도록 '삼세판 제도'를 만든 것이죠.

과거에도 우리나라에는 삼심제와 비슷한 제도가 있었어요. 조선시대에 사형수는 세 번까지 재판을 받게 하는 '사수삼복계법(삼복제)'이라는 제도가 있었거든요. 사람의 목숨은 가장 소중한 것이고 다시 살릴 수 없는 것인 만큼 더욱더 신중을 기하라는 취지에서 만든 제도였답니다.

한편 모든 나라에서 삼심제를 하는 것은 아니에요. 미국이나 영국은 사실상 2심제를 채택하고 있어요. 우리나라도 공정거래 관련 재판은 고등법원에서 1심, 대법원에서 2심, 이렇게 두 차례로 끝내요. 정부기관이나 지방자치단체끼리 권한 다툼은 대법원에서 단 한 번 재판으로 결론을 냅니다.

시민이 참여하는 국민참여재판

혹시 있을지 모르는 오류를 막고 신중한 결정을 내리기 위해 삼심제를 채택하고 있지만 그렇다고 늘 완벽한 재판이 보장되는 것은 아니에요. 판사는 법률전문가일 뿐 완벽한 존재는 아니니까요. 기존 판례나 법 논리에 익숙할 수는 있겠지만, 전지전능한 신은 아닙니다. 또 판사의 시각이 일반 대중의 눈높이와 다를 수도 있습니다. 이런 점을 고려해 상당수 선진

우리나라의 경우 배심원의 자격은 만20세 이상 대한민국 국민으로 해당 지방법원 관할 구역의 거주자입니다. 배심원 후보를 무작위로 뽑아 간략한 질문을 한 뒤 적합하면 배심원으로 선정합니다.

국에서는 형사재판의 경우 일반 시민의 눈높이에서 죄가 있는지 없는지를 판단하도록 하는 배심원 재판을 하는 경우가 많습니다. 시민들 가운데 무작위로 배심원을 뽑고, 이들이 재판을 지켜보고 유무죄를 가립니다. 일반 시민의 상식을 바탕으로 재판을 진행하여 재판의 신뢰도를 높여 보자는 취지이지요.

우리나라에서도 배심원 재판에 대한 논의가 오갔고, 그 결과 2008년 국민참여재판이 도입됐습니다. 법정 형량이 징역 1년 이상에 해당되는 사건에서 피고인이 원할 경우에 한해 일반 시민 가운데 배심원을 뽑아 형사재판에 참여할 수 있도록 한 것입니다. 하지만 우리나라 배심원의 판단은 '참고용'입니다. 판사가 유무죄를 판단하고 형량을 정하는 과정에서 배심원 의견을 참고할 뿐이라는 얘기입니다. 그래도 배심원들과 판사의 유무죄 판단이 동일한 경우가 전체 사건의 90퍼센트 이상이라고 합니다.

재판의 종류

소송은 크게 개인과 개인 사이에 문제가 생겼을 때 이를 해결하기 위한 민사소송과 어떤 사람이 범죄를 저질렀을 때 국가가 처벌할지 말지를 결정하는 형사소송으로 나뉩니다.

가령 여러분이 친구를 때려서 상처를 입혔을 경우, 친구가 여러분에게 상처를 치료할 병원비를 물어내라고 소송을 제기하면 민사소송이 되고, 수사를 거쳐 폭행죄로 재판에 넘겨진다면 형사소송이 되는 것입니다.

편의점 사건의 경우는 물론 형사재판입니다. 형사재판은 범죄를 저질렀다고 의심되는 사람의 유무죄를 판단하는 재판입니다. 따라서 형벌권을 가진 국가를 대리하는 검사가 재판의 한쪽 당사자가 됩니다. 검사는 유죄를 입증해야 하고, 범죄를 저질렀다고 의심받는 피고인은 죄가 아니라고 주장하거나 또는 가볍게 처벌해 달라며 재판부에 호소합니다.

전체 재판에서 더 큰 비중을 차지하는 것은 개인끼리의 분쟁을 다루는 민사재판입니다. 돈을 빌려갔는데 갚지 않는다거나, 계약 내용을 이행하지 않거나, 다른 사람의 어떤 행위로 손해를 입어 피해를 배상하라고 요구하는 재판 등이 민사재판에 해당합니다. 이때 판사는 좀 더 합당한 주장을 하고 타당한 근거를 대는 쪽의 손을 들어주고, 재판에서 진 상대에게 그 요구를 이행하라고 명령(판결)합니다.

민사든 형사든 재판은 공통적으로 증거에 기초해 이뤄집니다. 민사재판에서 '아무개가 돈을 빌려 가서 언제까지 갚기로 약속했는데 지키지 않고 있다'고 주장하려면 이를 입증하는 계약서나 제3자의 증언을 제시해야 합니다. 둘이 말로만 약속했다고 주장할 경우 상대방이 이를 부인하면 증거가 없으니 약속을 입증할 수 없고, 재판부로서는 피고 쪽 손을 들어줄 수밖에 없습니다.

민사재판

법정 풍경

민사재판 과정

소장 제출 및 전달

답변서 제출

증거 제출

판결 선고

형사재판

법정 풍경

형사재판 과정

경찰(검찰) 수사

검사의 기소

재판

판결 선고

형사재판 또한 철저하게 증거에 따라 유무죄가 갈립니다. 단, 조금이라도 더 타당한 주장을 하는 쪽의 손을 들어주게 되는 민사재판과 달리 형사재판에서는 판사가 피고인이 죄가 있다고 확신할 때만 유죄를 선고합니다. 앞서 설명했듯이 '조금이라도 의심스러우면 피고인의 이익으로'라는 게 형사재판의 원칙이기 때문입니다.

민사, 형사재판 말고도 재판의 종류는 다양합니다. 가족이나 친족 사이에 일어나는 다툼을 다루는 가사재판에서는 이혼과 혼인 무효, 재산 상속, 재산 분할 등을 다룹니다. 10~19세 청소년이 비행이나 범죄를 저지를 경우 소년재판이 벌어집니다. 아직 성인이 아닌 청소년을 무조건 교도소에 보내는 대신 청소년의 환경을 변화시키고 성품과 행동을 바로잡기 위해 보호 처분을 내리는 것이 소년재판의 목적입니다.

또 행정기관의 법 집행에 이의를 제기해 행정 처분의 취소나 변경을 요구하는 행정재판, 특허권이나 상표권 등 지식재산권 관련 다툼을 해결하기 위한 특허재판, 당선 무효 등 선거와 관련한 다툼을 해결하기 위한 선거재판 등이 있답니다.

조정, 법보다 우선되는 양보와 배려

우리나라에는 판사가 2100여 명 있는데, 일이 많은 법원에서는 판사 1명이 1000건 넘는 사건을 처리합니다. 대한민국은 세계에서 손꼽히는 소송 과잉 국가이죠.

'옳고 그름을 따져 판단함', 이것은 국어사전에 나오는 재판의 정의입니다. 매사 옳고 그름을 명확히 따지는 것은 분명 필요한 일입니다. 하지만 다툼이나 분쟁이 생길 때마다 법에 호소하고 재판을 통해 승부를 가리는 것이 과연 옳은 건지는 좀 더 생각해 볼 문제입니다.

돌아가신 부모님이 남긴 유산을 놓고 형제자매가 재판을 통해 싸운다면 그 문제에 정답이 있을까요? 서로 조금씩 양보하고 사이좋게 나눠 갖는 게 더 나을 것입니다. 여러분도 친구와 다툴 때마다 사소한 싸움이건 큰 싸움이건 무조건 선생님한테 달려가 시비를 가려 달라고 하면 과연 좋을까요? 그보다는 싸움이 나기 전 서로 조금씩 양보하여 싸움을 피하는 것이 가장 좋습니다.

혹여 싸움을 한 뒤라도 한쪽이 진심을 담아 사과하고 다른 쪽은 이를 흔쾌히 받아들여 함께 웃으며 화해하는 게 더 나은 방법 아닐까요?

재판도 마찬가지입니다. 그래서 사안에 따라 판사가 양쪽 당사자에게 조금씩 양보하도록 설득해 화해를 시키기도 합니다. 바로 '조정'이란 제도입니다. 조정이 성립되면 판결과 같은 효력을 가집니다. 법률을 바탕으로 시시비비를 가리는 법정이지만 법의 잣대로 모든 사안의 옳고 그름을 가리기보다는 배려와 양보를 통한 타협을 주문하기도 하는 것이죠.

1심 재판에서 징역 1년을 선고받은 박범죄는 항소해서 다시 재판을 받을 수 있어요. 항소는 1심 판결이 있은 뒤 2주 안에 해야 하는데, 항소가 이뤄지면 박범죄는 계속 재판을 받아야 하니 교도소가 아닌 구치소에 머물게 돼요. 항소심 판결에도 불복하고 상고한다면 대법원 판결이 나올 때까지 마찬가지로 구치소에서 생활합니다. 반대로 항소나 상고를 하지 않아 애초 형량이 확정되면 교도소로 옮겨집니다.

형이 확정되지 않은 사람과 형이 확정된 사람은 죄수복 색깔이 달라요. 아직 재판을 받고 있어 형이 확정되지 않은 미결수는 남자는 황토색, 여자는 연한 녹색 죄수복을 입어요. 형이 확정된 기결수는 남자건 여자건 파란색 죄수복을 입습니다. 참고로 남성용 노란색 죄수복과 여성용 분홍색 죄수복도 있는데, 모범수들이 입는 죄수복이라고 합니다.

우리나라에는 교도소가 36개, 구치소가 14개 있는데, 모두 법무부의 교정본부란 곳에서 관리합니다. 교도관들도 교정본부 소속 공무원들이지요. 교정본부란 말이 왠지 어색하기도 한데 수감된 죄수들을 바르게 교정한다는 의미에서 그런 이름을 지은 듯해요.

대한민국의 출입문, 출입국외국인정책본부

법무부에는 교정본부 말고도 많은 부서가 있어요. 출입국외국인정책본부도 그중 하나이지요. 외국을 드나들 때 공항에서 유리 부스 안에 제복을 입고 앉아 있는 공무원이 여권에 도장을 찍어 줍니다. 우리나라 국민이 다른 나라로 나갈 때는 정부에 신고를 해야 하거든요. 또 외국인이 입국하려면 정부로부터 들어와도 좋다는 허가를 받아야 하는데, 이 허가증을 '비자'라고 하죠. 비자 발급 등 입·출국 허가는 출입국외국인정책본부의 주요 업무입니다.

여러 해 전 한 유명 남성 가수가 "꼭 군대에 가겠다."는 팬들과의 약속을 어기고 군대에 가지 않으려 미국으로 건너가 사회적으로 큰 논란이 일었어요. 당시 정부는 병역의 의무를 이행하지 않기 위해 한국 국적을 포기한 이 가수의 한국 입국을 금지했지요. 다시는 한국 땅을 밟지 못하도록 한 이 조치를 내린 주체도 출입국외국인정책본부입니다.

출입국외국인정책본부는 이 외에도 불법 입국해 있는 불법체류자들을 찾아내 본국으로 돌려보내거나 외국 동포 등에게 한국 국적을 부여하는 일을 해요.

한편 내전으로 인해, 또는 정치적 위협이나 박해를 피해 어쩔 수 없이 조국을 탈출한 이들을 난민이라고 하는데, 난민으로 인정되면 합법적으로 그 나라에 머무를 수 있어요. 난민으로 인정하느냐 마느냐의 판단도 출입국외국인정책본부의 몫이랍니다.

정부 안의 법률 콘트롤타워, 법무실

변호사라면 대개 법정에서 검사에 맞서 피고인을 변호해 주는 사람을 떠올립니다. 그런데 재판을 하지 않는 변호사도 많습니다. 회사나 기관에 고용돼 법률 관련 부서에서 업무를 담당하거나 특정 분야에서 전문성을 쌓은 뒤 관련 법률 자문을 해 주는 경우가 대표적입니다. 예를 들어 회사가 새로운 사업을 시작하거나 중요한 계약을 맺기 전에는 미리 법률적 문제를 두루 검토해 혹시 생길 수 있는 법적 분쟁을 방지해야 할 텐데, 이럴 때 자문 변호사의 조언이 필요합니다.

이런 조언과 자문은 정부에도 필요합니다. 정부 부처가 어떤 정책을 펴거나 결정을 내리려면 사전에 법적인 문제점은 없는지 검토받는 게 안전합니다. 법무부의 법무실 업무가 바로 이런 것입니다. 법률을 만드는 권한은 국회에 있지만 행정부도 어떤 법률을 만들자고 국회에 제안할 수는 있습니다. 이때도 각 부처는 사전에 법무부의 법무실에 법률안 검토를 의뢰하고, 법무실은 행정부에서 제안한 법률이 타당성이 있는지, 기존 법률과 상충되는 대목은 없는지 등을 검토해 줍니다. 일종의 정부 내 자문 변호사 구실을 하는 셈이죠.

민주 국가에서는 국민이 정부를 상대로도 소송을 제기할 수 있습니다. 도로를 내는 작업을 하던 차량이 배추밭을 망가뜨리면 배추밭 주인은 국가를 상대로 손해배상 청구소송을 낼 수 있습니다. 이때 피고는 도로 공사를 총괄하는 국토교통부 장관이 될 테고, 소송 관련 업무는 국토교통부의 법무담당관실에서 맡게 됩니다. 이런 소송은 부처마다 적게는 수십 개, 많게는 수백 개에 이를 수도 있습니다.

법무부 소속 법무실에서는 전체 부처에서 진행 중인 국가를 당사자

법무부 조직도

- **장관** — 부처 업무 총괄
  - **감찰관** — 법무부와 검찰청 감사, 진정·비위 사건 조사
- **차관** — 장관 보좌
  - **기획조정실** — 인사, 예산, 법무 행정 총괄
  - **법무실** — 정부 법령안 자문·심사, 국가 관련 소송 지휘·감독, 변호사 관리, 법조인 양성
  - **범죄예방정책국** — 보호관찰소·소년원 관리·운영, 법 교육 및 법 질서 확립 업무
  - **검찰국** — 검찰 인사·조직·예산 관리 및 업무 지휘·감독
  - **인권국** — 인권옹호 관련 정책 수립, 인권침해 사건 조사
  - **교정본부** — 교도소·구치소 운영 및 관리
  - **출입국외국인정책본부** — 출입국 심사, 외국인 정책 총괄, 국적·이민·난민 관련 업무

로 하는 소송 현황을 총괄하고 지휘·감독합니다. 국가를 당사자로 하는 재판들을 총괄하는 통제센터인 셈입니다. 그 밖에도 법무실은 불법을 저지른 변호사를 징계하거나 법조인 양성에 필요한 사법시험과 변호사시험 시행을 주관합니다. 또 다른 나라와의 사법 공조(국가끼리 주고받는 법률상의 도움), 남북 통일을 대비한 법령 연구와 정비 등의 업무도 수행합니다.

검찰도 법무부 소속

법무부의 또 다른 중요 업무로는 검찰 업무 관리·감독을 들 수 있습니다. 전국 검사들을 지휘하고 통솔하는 대검찰청을 산하기관으로 두고 있기 때문입니다. 법무부의 검찰국이라는 부서는 전국 검찰청의 인사와 예산 등을 관리하고, 주요 사건 수사·재판 현황 등을 보고 받습니다. 결국 검찰이 하는 모든 일은 법무부 업무의 일부인 셈이죠.

법무부에는 이 외에도 정부의 범죄 예방 활동과 법 교육 등을 총괄하는 범죄예방정책국, 국가 인권정책을 총괄하고 수사·교정 기관에서 일어나는 인권 침해 사고를 조사하는 인권국 등이 있습니다.

법무부가 아니라 정의부?

행정부 안에서 법 관련 업무를 총괄하는 법무부에는 공식 브랜드가 있습니다. 정의를 뜻하는 영어 단어인 'justice'에 첫번째라는 영어 단어 '1st'를 더한 것입니다. 법무부 홈페이지에서는 이 브랜드의 정의를 이렇게 설명하고 있습니다.

"법무부의 핵심 가치, 즉 존재 이유는 이 땅에 정의를 실현하는 데 있다. 따라서 '정의가 첫째다, 으뜸이다'라는 최우선 가치를 대내외에 공유하고 구심점을 삼고자 한다."

법무부는 영어 명칭도 'Ministry of Justice'입니다. 법(law)이 들어갈 자리에 정의(justice)란 단어가 들어가 있어요. '법에 관한 부처'(법무부)가 아니라 '정의에 관한 부처'(정의부)란 것이죠.

'Justice'는 'Justitia(유스티치아)'에서 나왔습니다. 로마 신화에 나오는 정의의 여신을 '유스티치아'라고 부릅니다. 이 정의의 여신 상은 눈을 감거나 또는 가린 채 한 손에는 저울을, 다른 한 손에는 칼을 쥐고 있습니다. 저울은 사람들 사이의 다툼을 해결하는 것을, 칼은 엄정한 판결과 처벌을 뜻합니다. 눈을 감거나 가리고 있는 것은 어느 쪽에도 치우치지 않는 공평무사한 자세를 지킨다는 뜻입니다.

흔히 말하는 법치주의란 단지 법대로 통치한다는 의미가 아니에요. 말도 안 되는 악법도 단지 법이라는 이유로 무조건 지켜야 할까요? 훗날 남아프리카 공화국 대통령이 된 넬슨 만델라는 정부의 인종차별 정책에 반대하다 27년을 감옥에 갇혀 지냈어요. 또 인도가 영국의 식민지였던 시절 간디는 비폭력 저항운동으로 식민 지배에 맞섰지요.

법무부의 영어 이름과 브랜드에 정의란 단어가 들어 있는 이유는 법이 정의를 실현하는 도구이기 때문입니다. 신분, 지역, 종교, 성별 등에 상관없이 누구나 공평하게 법의 지배 및 보호를 받는 것이 법치주의이고, 이를 통해서 정의를 실현하겠다는 이상을 담고 있는 것이지요.

나는 정의롭다!

(6) 헌법재판소

법의 뼈대, 헌법

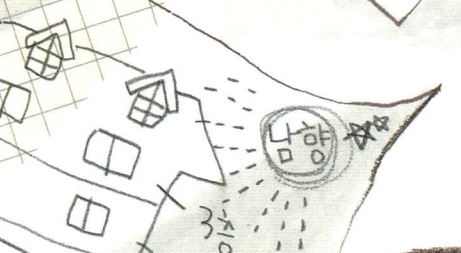

만일 집이 국가라면 집주인의 요구 사항이 바로 헌법입니다.
헌법은 국가라는 건물의 큰 틀만 계획하는 법입니다.
물론 이것만으로는 제대로 된 집을 완성할 수 없어요.

아늑한 집을 만들기 위해 벽돌 색을 고르고, 지붕을 그에 맞게 만드는 것, 법으로 치면, 이런 행동이 곧 법률입니다. 헌법이 구체적으로 말해 주지 않은 공백을 메우는 것이죠. 그런데 이것만으로도 문제가 다 해결되지 않습니다.

명령, 규칙, 조례는 더 구체적인 사항을 담고 있는 법률입니다. 명령(시행령)은 법률에서 정하지 않은 세부적인 사항을 규정하고, 규칙(시행규칙)은 명령에서 정하지 않은 더 세부적인 사항을 담고 있죠. 명령은 국무회의를 거쳐 대통령이, 규칙은 관할 부처 장관이 제정합니다. 조례는 지방의회가 관련 법령 테두리 안에서 제정하는 자치 법규입니다.

좀더 이해를 돕기 위해 정리하면 다음과 같죠.

헌법 …… 최고의 법
법률 …… 일반적인 법(국회에서 제정)
명령 …… 법률이 위임한 세부 내용을
(시행령) 규정(대통령이 제정)
규칙 …… 명령에서 위임한 세부 내용
규정(부처 장관이 제정)

법에는 이처럼 서열이 있고, 하위법은 상위법을 위배해서는 안됩니다. 규칙은 명령의 테두리를, 명령은 법률의 테두리를, 법률은 헌법의 테두리를 벗어나서는 안됩니다.

현재 우리나라에는 1200개가량 법률이 있습니다. 법률은 헌법의 테두리 안에서 만들어져야 하는데, 그렇지 않은 경우도 있답니다. 사람이 법을 어긴 것으로 의심받으면 법원에서 재판을 받듯이, 법률도 헌법을 위배한 것으로 보이면 재판을 받습니다. 이 재판을 바로 헌법재판소가 진행합니다. 법률보다 아래에 있는 규칙이나 명령도 상위법에 어긋나는지 재판받을 수 있는데, 이는 대법원이 담당합니다.

대통령의 명줄을 쥐다

"결정을 선고하겠습니다. 정국 혼란 및 경제 파탄 문제는 헌법이나 법률을 위반한 행위로 볼 수 없으며 논의 대상이 아닙니다. 노무현 대통령에 대한 탄핵안을 기각합니다."

2004년 5월 14일 오전 10시, 서울 안국동에 위치한 헌법재판소에 온 국민의 눈과 귀가 쏠렸어요. 대통령이 그 자리를 유지할 수 있을지 아니면 임기 중간에 쫓겨날지가 결정되는 순간이었거든요. 만약 헌법재판관들이 쫓아내기로 결정했다면 대통령은 파면되고 새로운 대통령을 뽑기 위한 선거가 치러졌을 거예요. 하지만 헌법재판관들은 두 달가량 논의한 끝에 대통령을 쫓아낼 수 없다고 결정했어요.

여러분, 민주주의 국가의 가장 큰 특징은 권력을 여러 기관이 나눠 갖는다는 점이란 말 기억하죠? 바로 권력 분립입니다. 권력 분립의 첫발은 행정권과 입법권, 즉 법률을 집행하는 권한과 법률을 만드는

권한을 분리시킨 일입니다. 그런데 이 두 권력이 한 치의 양보도 없이 대립한다면 어떻게 될까요?

2004년에 그런 상황이 벌어졌답니다. 대통령의 발언을 문제 삼아 야당이 격렬하게 반발했고, 결국 국회의 가장 강력한 대통령(행정부) 견제 권한 가운데 하나인 대통령 탄핵소추안을 통과시켰어요. 대통령이나 국무총리, 장관, 감사원장과 감사위원, 중앙선거관리위원장과 위원, 법관 등 고위공직자가 국회에 의해 탄핵소추되면 직무 수행이 정지됩니다. 이어 헌법재판소가 파면할지 여부를 최종적으로 결정할 때까지 처분을 기다려야 합니다.

2004년 3월 사상 최초로 대통령 탄핵소추안이 국회를 통과하자 노무현 대통령은 대통령 권한이 정지됐고, 국무총리가 대통령 권한을 대행했습니다. 헌법재판소는 두 달에 걸친 7차례 변론 끝에 대통령은 파면당할 만큼 잘못을 저지르지 않았다며 탄핵소추를 기각했고, 노무현 대통령은 대통령직을 다시 수행할 수 있게 됐습니다.

우리나라에서 가장 큰 권력 기관인 대통령과 국회를 꼼짝 못하게 만들다니, 많은 국민들이 '헌법재판소가 그렇게 대단한 기관이었어?'라며 의아해했답니다. 또 임명직 공무원인 헌법재판소 재판관들이 국민이 직접 선택한 지도자인 대통령의 명줄을 쥐는 게 합당하냐는 의문도 제기됐지요. 그런데 헌법재판소가 가진 막강한 권한은 이것만이 아닙니다.

헌법소원과 위헌법률심판

2015년 12월 23일 헌법재판소는 시민들의 손을 들어줬어요. 주민등록번호를 바꿀 수 없도록 한 조항이 헌법에 위배된다고 판단한 거예요. 헌법소원심판을 한 결과 "모든 국민은 인간으로서의 존엄과 가치를 가지며 행복을 추구할 권리를 가진다. 국가는 개인이 가지는 불가침의 기본적 인권을 확인하고 이를 보장할 의무를 진다."고 규정한 헌법 10조, 즉 국민의 행복추구권과 자기결정권에 배치된다고 본 것입니다.

유출된 주민등록번호를 누군가 멋대로 사용하면 피해를 입고 행복추구를 방해받겠지요? 그런데도 법률에서 무조건 주민등록번호를 바꿀 수 없게 한 것은 헌법에서 규정하고 있는 기본 원리를 침해한다고 판단한 거예요.

비슷한 사례는 더 있어요. 10여 년 전만 해도 우리나라에서는 성과 본관이 같으면 결혼할 수 없었어요. 김해 김 씨는 김해 김 씨와, 전주 이 씨는 전주 이 씨와 결혼할 수 없다고 민법에서 못 박고 있었거든요. 이른바 동성동본 금혼 조항인데, 같은 조상을 둔 한 집안끼리는 결혼할 수 없다는 오래된 관습에 뿌리를 둔 조항이었지요.

하지만 오랜 세월이 흐르면서 성과 본적이 같은 사람이 수백만 명에 이르렀어요. 이들 수백만 명을 모두 일가친척이라고 보기는 어렵지만 국회와 정부는 이 법률을 고치거나 없앨 생각을 안 했답니다. 그 결과 수많은 동성동본 부부들이 혼인신고는 물론 아이를 낳아도 출생신고를 할 수 없었어요. 결국 헌법재판소는 1997년 헌법소원심판을 통해 동성동본은 결혼할 수 없다고 금지한 법률이 헌법에 규정된 국민의 행복추구권을 침해한다는 결정을 내렸어요. 1999년 1월 1일부로 동성동본 금혼 조항은 법률로서 효력을 상실했답니다.

이렇듯 헌법재판소는 대통령 등 고위공직자뿐 아니라 법률도 들었다 놓았다 할 수 있어요. 대통령과 국회의 가장 기본적이면서 핵심적인 권한인 인사권과 입법권을 견제하는 기관이 바로 헌법재판소인 셈이에요.

우리나라에는 법률이 1200개가량 있는데, 헌법재판소가 아무 법률이나 위헌이라며 무턱대고 없애는 것은 아닙니다. 주민등록법의 경우처럼 국민이 위헌이라며 헌법소원을 제기한 법률을 심사하지요. 또 재판을 하는 판사들도 어떤 법률 조항이 위헌일 가능성이 있다고 판단되면 헌법재판소에 위헌 여부를 가려 달라고 요청할 수 있어요. 이를 '위헌법률심판제청'이라고 합니다. 헌법재판소가 법률의 위헌 여부를 가리는 일은 위헌법률심판이라고 하고요.

국민이나 재판부의 요청에 따라 살펴본 어떤 법률이 헌법에 위배된다고 판단하면 헌법재판소는 위헌 또는 헌법불합치 결정을 내리게 돼요. 위헌 결정이 내려지는 동시에 법률의 효력은 사라집니다. 그런데 어떤 법률이 갑작스레 사라지면 혼란스러울 수도 있잖아요. 따라서 국회나 정부에 일정 기간 준비할 시간을 주기도 해요. 해당 조항을 없애거나 수정할 시한을 정하고 그 시점 이후에는 법률이 무효화된다고 선언하는 것이죠. 이를 헌법불합치 결정이라고 해요.

동성동본 금혼 조항은 1997년에 위헌 판단이 나왔지만 1998년 12월 31일까지 한시적으로 효력을 인정해 주는 헌법불합치 결정이 내려졌어요. 그 결과 1999년 1월 1일부로 무효화됐고요. 주민등록번호를 바꿀 수 없도록 한 주민등록법도 헌법불합치 결정이 내려져 2017년 12월 31일까지만 효력이 있답니다.

정당 해산 여부, 정부기관끼리 다툼도 심판

민주주의 사회에서는 일정한 요건만 갖추면 누구나 대표자가 될 수 있습니다. 국회의원이나 대통령에 출마할 수 있고, 여기서 국민의 지지를 받으면 국민을 대표해 정치 활동을 하는 것이죠. 그런데 실제 선거에 출마하는 이들은 정당에 소속돼 있는 경우가 많습니다. 법안을 통과시키거나 정책을 추진할 때도 정당 단위로 의사 결정이 이뤄지고 협상 과정을 거치는 게 보통입니다.

정당이야말로 정치의 주체인 셈인데, 헌법재판소는 정당을 해산할 수 있는 권한도 있습니다. 정당해산심판을 통해 정당이 추구하는 바가 헌법의 테두리 밖에 있다고 판단되면 없앨 수 있습니다.

실제 헌법재판소는 2014년 12월 19일 통합진보당이 북한을 추종하는 강령을 가지고 있다며 해산을 결정하고, 소속 국회의원 5명의 국회의원직도 박탈했습니다. 세계적으로도 몇 차례만 있었던, 우리나라에서는 사상 처음인 정당 해산 결정이었습니다. 대통령과 여당은 북한을 추종하는 세력은 국회에서 쫓아내야 한다며 헌법재판소 결정을 반겼지만, 야당과 일반 시민 상당수는 명확한 근거 없이 국민의 선택을 받아 꾸려진 정당을 강제로 없앤 것은 잘못이라며 비판하기도 했습니다.

한편 정부기관 사이 분쟁 해결도 헌법재판소의 몫입니다. 충청남도 홍성군과 태안군(안면도) 사이 천수만에는 고기들이 많이 몰려와 예전부터 어장이 형성돼 있었습니다. 그런데 홍성군과 태안군이 어장 관할권을 두고 다투기 시작했지요. 분쟁은 헌법재판소로 넘어갔고, 헌법재판소는 2015년 7월 30일 두 군 사이 해상 경계선을 새로 긋고 이 해상 경계선에 따라 각자 관할 구역 안에서 어장을 관리하도록 결정했어요. 이처럼 국가기관이나 지방자치단체들 사이 분쟁을 해결하는 재판을 권한쟁의심판이라고 합니다.

헌법재판소의 구성과 결정 방식

탄핵심판으로 대통령을 자리에서 쫓아낼 수 있고, 위헌법률심판과 정당해산심판으로 국회를 견제하고, 권한쟁의심판으로 국가기관 사이 분쟁의 심판자 노릇을 하는 헌법재판소는 소장을 포함해 9명의 재판관으로 구성돼 있어요.

국회에서 법률을 만들 때도, 법원에서 재판을 할 때도 과반수 기준이 적용됩니다. 국회의원 절반 이상이 참석한 회의에서 절반 이상이 동의하면 법률이 제정되는 것이지요. 개별 판사들이 어떤 의견을 가

지는지 공개되는 재판은 대법원 재판이 유일한데, 이때도 절반 이상이 찬성하면 그 다수의 의견은 법적 효력을 가집니다.

하지만 헌법재판소에서는 9명 재판관 가운데 6명 이상이 위헌이라고 판단해야 위헌 결정을 내릴 수 있습니다. 과반수인 5명이 위헌 의견을 냈어도 나머지 4명이 문제가 없다고 판단하면 해당 법률은 합헌(헌법에 부합) 결정이 내려져 효력을 유지하게 됩니다. 헌법에 대한 해석과 적용은 함부로 바뀌면 안 되고, 국민의 대표인 국회의원들이 제정한 법률을 쉽게 무효화시키면 곤란하다는 취지에서 위헌 요건을 까다롭게 만든 것이죠.

참고로 헌법을 개정할 때도 국회의원의 3분의 2가 찬성하고 국민투표도 거쳐야 합니다. 그만큼 국가의 기본 정신을 담은 헌법은 쉽게 바뀌거나 흔들려서는 안 된다는 얘기이지요.

고위공직자와 법률, 정당의 생존권을 쥐고 있는 헌법재판관을 뽑는 과정에는 삼권분립의 원칙이 반영됩니다. 9명 재판관 모두 대통령이 임명하지만, 3명은 국회에서 선출하고 3명은 대법원장이 지명합니다. 결국 입법부·행정부·사법부가 사이좋게 3명씩 헌법재판관을 뽑는 셈입니다. 대통령, 국회의장, 대법원장에 이어 국가 의전(국가의 공식 행사 또는 그 행사를 치르는 일정한 법도와 양식) 서열 4위인 헌법재판소장은 국회의 동의를 얻어 대통령이 임명합니다.

민주주의 역사와 헌법재판소

 헌법재판소는 헌법의 이름으로 고위공직자의 자격이 있는지(탄핵심판), 법률 효력을 정지시킬 것인지(위헌법률심판), 정당을 없앨지(정당해산심판) 등을 결정합니다. 우리나라가 입법부·행정부·사법부 삼권분립을 표방하고 있다지만 기관을 기준으로 보면 헌법재판소까지 더해 4권 분립이라고 해도 무리가 없습니다.

 여기서 드는 의문 한 가지가 있습니다. 민주주의 요체는 국민이 뽑은 대표자에 의한 통치입니다. 그런데 국민이 뽑은 대표와 그 대표들이 만든 법률이 국민이 선출하지 않은 9명의 헌법재판소 재판관들에 의해 무력화될 수 있다는 점입니다. 이게 과연 합당한 일일까요?

 이를 설명하려면 현대 민주주의의 역사를 살펴봐야 합니다. 20세기 세계사 최악의 사건으로는 히틀러와 나치즘의 출현을 들 수 있습니다. 1930~40년대 독일을 이끌었던 히틀러는 강력한 독재 정치로 국민을 억압했을뿐더러 제2차 세계대전을 일으켜 수천만 명의 목숨을 앗아

갔습니다. 그가 펼친 인종주의를 바탕으로 유대인 말살 정책 또한 인류사에 부끄러운 오점으로 남았지요.

그런데 그런 히틀러에게 누가 권력을 쥐어줬을까요? 다름 아니라 국민 자신이었습니다. 히틀러는 선거라는 민주주의적 절차를 통해 총통 자리에 올랐고, 이후 높은 경제 성장률을 바탕으로 국민의 지지를 받아 정권을 유지했습니다. 민주주의를 말살시킨 히틀러를 낳고 키운 게 바로 민주주의였던 것입니다.

결국 전쟁이 끝나고 독일은 동서로 나닙니다. 그리고 서독(현재 독일은 통일 국가임)은 헌법 정신을 구현하고 수호하기 위해 헌법재판소를 만듭니다. 지도자나 정책(법률)이 다수의 지지라는 형식적인 요건 말고도 내용적으로 헌법 정신, 즉 민주주의와 법치주의에 부합하는지를 판단하는 전담 기관을 만든 것입니다. 법률이 헌법에 위배되는지 판단하는 헌법재판은 1800년대 미국에서 최초로 시작됐지만, 독일(서독)에서 헌법재판소가 만들어지면서 세계적으로 널리 퍼지기 시작합니다.

우리나라는 1948년 정부 수립과 동시에 대통령제를 채택했고 국회와 대법원을 만들었습니다. 이에 비해 이들 세 기관 모두를 견제할 수 있는 막강한 권한을 가진 헌법재판소는 1988년에야 세워졌죠. 1987년 전국적으로 민주화 운동이 일어나 국민이 직접선거로 대통령을 선출하도록 헌법이 개정됐는데, 이때 헌법재판을 전담하는 헌법재판소도 함께 생겼습니다.

'헌법 파수꾼'이 제 역할을 하려면

재판은 기본적으로 누가 잘못했는지, 또는 누구 말이 맞는지를 판단하는 일입니다. 국가 또는 개인들 사이 시비나 권리 다툼이 본질입니다. 그런데 헌법재판은 좀 다릅니다. 국가기관이나 정치 지도자, 법률이 헌법 정신의 테두리를 벗어나지 않았는지를 판단하는 것이니까요. 결국 헌법이라는 이름으로 법률과 권력자, 권력 기관의 일탈을 감시하고 심판하는 행위가 바로 헌법재판이고, 그런 의미에서 헌법재판소는 '헌법 정신의 수호자' 또는 '민주주의 감시견'이라고 할 수 있습니다.

다만 명심할 점은 그 어떤 제도나 기관을 만들더라도 그 자체로 민주주의가 보장되는 것은 아니라는 사실입니다. 헌법재판소가 권력자와 권력 기관을 감시하고 막을 힘이 있다 해도 권력자의 측근들로 채워져 있다면 말짱 도루묵이겠지요. 헌법재판소를 구성하는 권한을 가진 대통령과 국회가 바르게 돌아가야 헌법재판소도 제대로 운용할 수 있다는 얘기입니다.

결국 국민 모두가 선거를 비롯한 다양한 방식으로 정치적 견해나 의사를 자유롭게 밝히고, 이런 움직임이 정부 인사나 정책에 반영되도록 하는 것이 기초입니다. 이 기초를 통해 헌법재판도 더욱 활성화될 수 있을 테니 말이죠. '권력의 감시견'을 잘 만들어 놨어도 이 감시견이 잘 활동하도록 관심을 쏟고 감시해야 하는 것은 국민, 바로 우리들의 몫입니다.

3 법과 함께 일하는 사람들

(1) 변호사
변호사는 힘이 세다?

2013~2014년 《변호인》이라는 영화가 1000만 명이 넘는 관객에게 사랑을 받았습니다. 영화는 주인공 송우석 변호사(송강호)가 돈도 없고, 백(배경)도 없고, 가방 끈도 짧지만 세무 전문 변호사가 돼 승승장구하는 것에서부터 시작합니다.

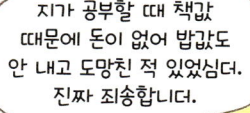
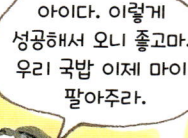
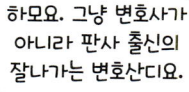

지푸라기라도 잡고 싶은 심정으로 찾아와 '아들을 살려 달라'고 애원하다니, 변호사는 힘이 있는 직업인가 봅니다. 실제 영화에서 송우석 변호사는 국밥집 아주머니 아들의 변호를 맡아 거대한 권력 기관과 한 치 양보 없이 대립하고 권력의 부당함을 폭로합니다.

    텔레비전이나 영화를 보면 '변호사=출세한 사람'입니다. 아무나 통과할 수 없는 사법시험에 합격한 머리 좋은 수재이고, 높은 사회적 지위와 부를 누리는 사람입니다. 게다가 정보기관이나 경찰 등 힘 있는 국가기관 앞에서도 주눅들지 않을 힘이 있습니다. 도대체 변호사란 어떤 직업이기에 이렇게 대우도 좋고 남에게 뒤지지 않는 힘까지 있는 것일까요?

법률 대리인, 자문과 송무

변호사란 일정한 법률적 식견을 바탕으로 남을 대신해 법률과 관련한 일을 처리해 주는 사람입니다. 죄를 지은 것으로 의심받아 재판에 넘겨진 피고인을 대신해 법정에서 변론을 펼치는 게 대표적이죠. 따라서 변호사의 주된 활동 무대는 법정입니다.

하지만 법정에서 보이는 게 변호사 업무의 전부는 아닙니다. 형사 사건의 경우엔 검찰 또는 경찰 조사 단계에서부터 의뢰인을 대변하고, 판사가 구속 여부를 결정하는 영장실질심사(구속 전 피의자 심문)에도 참여합니다. 구속된 의뢰인을 구치소에서 만나 법률적 조언을 해 주거나(접견), 법원에 석방을 요청할 수도 있습니다(구속 취소와 보석).

민사 사건의 경우에도 소송에 앞서 상대방이 재산을 빼돌리지 못하도록 하는 보전 처분(가압류 또는 가처분)을 내거나, 판결에 따라 상대방이 배상 금액을 지급하도록 하는 집행을 신청할 수 있습니다.

이렇듯 재판과 관련한 변호사 활동을 통틀어 '송무'라고 하는데, 이와 별개로 변호사는 재판과 직접 관련이 없는 법률 서비스를 제공하기도 합니다. 기업의 의뢰를 받아 각종 계약서의 초안을 작성하거나 검토하고, 국가기관의 의뢰를 받아 특정 상황에서 의사 결정이 위법하지 않은지 살펴보기도 하고요. 기업이 해외 시장에 진출할 때 현지 법규에 어긋나지 않도록 법적 절차를 안내해 주거나, 기업이 다른 기업을 집어삼키는 인수합병(M&A) 과정에서 법률 문제를 검토해 주기도 합니다. 이런 활동을 '자문'이라고 하는데, 자문 전문 변호사들은 법정에 나갈 일이 없습니다.

이 외에도 요즘에는 일반 기업체나 공공기관에 채용돼 일하는 사내 변호사도 늘고 있습니다. 이들은 회사 내부의 각종 법률적 문제를 검토하고 기업과 관련된 소송을 맡아 진행하지요.

보통 송무 변호사들은 사건을 수임해서 수임료를 받고, 자문 변호사들은 자문의 대가로 자문료를 받습니다. 선진국에서는 변호사가 실제로 일한 시간만큼 보수를 받는 시간제 방식이 일반적인데, 우리나라는 사건당 총액 개념으로 액수를 결정하는 경우가 일반적입니다.

변호사의 책임과 의무

"변호사는 기본적 인권을 옹호하고 사회 정의를 실현함을 사명으로 한다. 변호사는 그 사명에 따라 성실히 직무를 수행하고 사회 질서 유지와 법률 제도 개선에 노력해야 한다."

변호사법 1조의 내용입니다. 변호사는 일반 직장인과 달리 사회적인 책임과 의무를 가집니다. 변호사와 더불어 선망받는 직업인 의사가 돈보다 환자의 생명과 건강을 우선하겠다는 히포크라테스 선서를 하듯, 변호사도 인권을 옹호하고 사회 정의를 실현하겠다는 다짐을 합니다.

그 밖에 변호사는 품위를 손상하는 행위를 해서는 안 되고 일정 시간 이상 공익 활동에 종사해야 합니다. 또 의뢰인의 비밀을 지키고 수임 사건의 상대방에게 이익을 요구해서도 안 됩니다. 심지어 직원도 아무나 채용할 수 없고, 다른 변호사를 깎아내리는 광고를 할 수 없으며, 변호사가 아닌 사람과 동업하는 일도 금지됩니다.

이런 의무를 지키지 않은 변호사는 징계를 받고 일정 기간 변호사로 활동할 수 없습니다. 범죄를 저질러 형사 처분을 받는 경우에도 일정 기간 동안 변호사 자격이 정지됩니다.

사실 판사나 검사는 공무원이기에 공익을 위해 일한다고 할 수 있습니다. 그런데 변호사는 의뢰인에게 수임료나 자문료를 받는 전문직일 뿐인데 왜 판사나 검사 못지않은 공익적 의무가 있는 걸까요?

흔히 변호사를 가리켜 '사회적 의사'라고 합니다. 사람 몸의 병을 고치는 사람이 의사이고, 마음의 병을 고치는 이가 성직자라면, 사회의 병을 고치는 이는 변호사란 뜻입니다. 변호사는 판사, 검사와 더불어 법을 지탱하는 세 축입니다. 법률 지식과 법조인의 양식을 바탕으로 법률 대리

인의 역할을 수행하거나 자문을 제공하고, 경우에 따라서 잘못된 제도나 강자의 횡포에 맞서기도 하죠.

이런 일을 하는 변호사가 경제적 이해관계, 즉 돈의 논리로만 움직이게 되면 사회는 건강함을 잃게 됩니다. 사회의 건강을 책임지는 의사로서 책임이 막중하다는 얘기죠.

(2) 법조인이 되는 길

변호사 수 증가와 로스쿨 도입

흔히 어른들에게 자녀가 대학에서 무엇을 전공하면 좋겠냐고 물으면 상당수는 의학과 법학을 꼽습니다. 자녀가 사회적으로 선망받는 의사나 법조인이 되기를 바라는 것이지요. 그런데 법조인이 되기 위해서는 법대를 졸업하고도 어려운 관문 하나를 통과해야 했습니다. 바로 사법시험이었습니다. 영화《변호인》에서 송우석 변호사가 통과한 시험이지요.

국가가 주관하는 법조인 자격시험인 사법시험 합격자는 1970년대까지 한 해 100명 미만이다가 1980년대 들어서서 300명으로, 2000년 이후로 1000명으로 늘었습니다. 당연히 경쟁이 치열했습니다. 서울 신림동 고시촌에 들어가 최소 2~3년씩 학원과 공부방만을 오가며 밤늦도록 공부에 매진해야 겨우 사법시험에 합격하고, 2년 동안 사법

연수원에서 실무 교육을 배운 뒤 판검사나 변호사가 돼 사회에 진출할 수 있었습니다.

이렇듯 한 번의 시험, 하나의 교육기관을 거쳐야 하는 폐쇄적인 법조인 양성 방식에 문제 제기가 일었고, 그 결과 2009년 로스쿨(법학전문대학원) 제도가 도입됩니다. 일정한 요건을 갖춘 대학에 로스쿨을 설립하도록 해 법조인 양성을 맡기고, 정부는 로스쿨 졸업생을 상대로 한 변호사 시험만 주관하도록 한 것이죠.

로스쿨에 입학하려면 일단 4년제 대학을 졸업해야 합니다. 다만 다양한 분야의 인재를 모은다는 로스쿨 도입 취지에 따라 전공은 상관없습니다. 대학 4년간 성적표에 법학적성검사(LEET) 점수, 공인 외국어 점수, 자기소개서 등을 갖추면 로스쿨에 응시할 수 있습니다.

로스쿨에 입학해서는 3년 동안 공부한 뒤 졸업하고 변호사 자격시험에 응시할 수 있습니다. 변호사가 될 만한 자격이 있는지 능력과 소

양을 검증받는 것인데, 시험을 통과하면 6개월 실무 수습 과정을 거쳐 비로소 법조인으로 사회에 발을 딛을 수 있습니다.

로스쿨 정원은 2000명이고, 한 해 변호사시험 합격자는 1500명가량입니다. 법조인 양성 방식뿐 아니라 숫자 자체가 늘어난 셈이지요. 변호사시험 합격자 가운데 일부는 검사로 임용될 수 있고, 또 변호사나 검사로 일정 기간 경력을 쌓으면 판사로 임용되기도 합니다. 과거에는 사법연수원 졸업생이 판사로, 검사로, 또 변호사로 진출했는데, 이제는 변호사나 검사 경력이 있는 법조인 가운데 판사를 임용하는 법조 일원화 정책이 시행되고 있습니다.

가장 큰 변화의 바람이 부는 쪽은 변호사입니다. 과거 법조인 숫자가 적을 때는 판검사를 하다가 변호사로 개업하는 이들이 변호사 업계를 이끌었습니다. 하지만 이제는 대다수가 바로 변호사 생활을 시작하고, 그 속에서 경쟁은 갈수록 치열해졌습니다. 같은 변호사라도 각자 실력에 따라 수임한 사건 수와 질, 변호사로서 받는 처우와 수입 등이

천차만별입니다. 법조계에서도 이른바 양극화가 심해지는 것이지요.

이는 법조인이라는 이유만으로 출세가 보장되는 시대가 이미 지났음을 보여 줍니다. 예전에는 숫자가 적다는 희소성 덕분에 법조인의 몸값(사회적 대우나 수입)이 높았지만, 지금은 그렇지 않습니다. 결국 법조인으로 성공하고 의미 있는 삶을 살고 싶다면 끊임없이 노력하고 고민하겠다는 다부진 각오가 필요합니다.

그다음으로는 법조인이 자신의 적성에 얼마나 맞는지를 고민해 봐야 합니다. 사건을 논리적으로 분석할 수 있는 능력, 자신의 생각을 말과 글로 논리정연하게 표현할 수 있는 능력도 필요하겠지요. 또 공정하고 정의롭게 행동하는 자세, 의뢰인에게 신뢰감을 줄 수 있는 차분한 태도도 필요합니다.

결국 논리적이고 분석적인 사고를 하면서도 신뢰성과 꼼꼼함 등을 갖추어야 변호사 또는 판검사 등의 법조인을 하기에 적당합니다. 상대방을 설득하는 게 법조인의 기본이니, 뛰어난 친화력이나 사회성을 갖춘다면 금상첨화일 테죠.

물론 이런 덕목은 타고나는 면도 있지만 스스로의 노력에 의해 개선하고 발전시켜 나갈 수 있습니다. 성격이 내성적이라고, 또 꼼꼼하지 못하다고 미리 포기할 이유는 없다는 얘기입니다. 대신 부족한 부분을 채워 가려는 의지와 노력이 필수일 테고요.

법조인이 품어야 할 덕목

법조인이 되기 위해 가장 필요한 덕목은 무엇보다도 사명감입니다. 법조인은 세상 온갖 일의 시시비비를 가리고 범죄를 처벌해 사회 정의를 세우는 존재이니까요. 또 사람들이 지켜야 하는 규칙(법)을 다루는 사람이니 강력한 권한만큼 무거운 의무도 지고 있지요. 무거운 의무의 기본은 바로 절제하는 삶입니다. 일반 회사원이 음주 운전을 했다면 아무도 관심을 기울이지 않겠지만 판검사가 음주 운전을 하면 언론에 보도되고 사람들에게 엄청난 손가락질을 받습니다. 평소 생활에 있어서도 모범이 돼야 하는 것이지요.

이런 어려움에도 불구하고 법조인이 되는 꿈을 꾸고 있나요? 그렇다면 공익과 정의, 인권 같은 가치에 대해 진지하게 생각해 볼 필요가 있습니다. 법조인이라면 가슴에 항상 품고 있어야 하는 기본 덕목이니까요.

'정의의 붓으로 인권을 쓴다'

서울 서초동 변호사회관에 새겨진 글귀입니다. 정의와 인권이란 말에 조금이라도 가슴이 두근거린다면 법조인이 될 꿈을 꾸어도 좋습니다. 법정에서 멋진 변론을 하는 변호사도, 범죄자를 단죄하는 검사도, 어느 쪽 손을 들어줄지 고심하는 판사도 가슴에 품어야 할 기본 가치는 인권과 정의이니까요.

글 이순혁

고려대학교에서 철학을 전공한 뒤 2000년 〈한겨레〉에 입사해 편집부·사회부·정치부·경제부 등을 거쳤습니다. 기자 생활의 절반가량을 사건팀(경찰팀)과 법원·검찰 등을 담당하는 법조팀에서 보내면서 '보통 사람의 눈으로 본 법'에 관심을 가지게 됐습니다. 쓴 책으로는 검사라는 직업과 검찰 조직을 분석한 《검사님의 속사정》, 잘못된 수사·재판·변론의 대표적인 사례를 탐구한 《정봉주는 무죄다》(공저)가 있습니다.

그림 심윤정

어린이의 마음으로 조금 더 재미있고 유쾌한 그림을 그리려고 노력합니다. 그린 책으로는 《얼굴 시장》, 《가짜 일기 전쟁》, 《수상한 물건들이 사는 나라》, 《언니가 없으면 좋겠어》, 《어느 날 목욕탕에서》, 《알았어, 나중에 할게!》, 《아홉살 게임왕》 등이 있습니다.

어린이 법학도, 법 기관에서 정의를 만나다

2016년 11월 30일 1판 1쇄
2025년 6월 20일 1판 6쇄

글쓴이: 이순혁 | 그린이: 심윤정

기획·편집: 최일주, 이혜정 | 디자인: 김지선
제작: 박흥기 | 마케팅: 양현범, 이장열, 김지원 | 홍보: 조민희

인쇄: 코리아피앤피 | 제책: J&D바인텍

펴낸이: 강맑실 | 펴낸곳: (주)사계절출판사 | 등록: 제406-2003-034호 | 주소: (우)10881 경기도 파주시 회동길 252 | 전화: 031) 955-8588, 8558 | 전송: 마케팅부 031) 955-8595 편집부 031) 955-8596 | 홈페이지: www.sakyejul.net | 전자우편: skj@sakyejul.com | 블로그: blog.naver.com/skjmail | 페이스북: facebook.com/sakyejulkid | 인스타그램: instagram.com/sakyejulkid

ⓒ 이순혁, 심윤정 2016

값은 뒤표지에 적혀 있습니다. 잘못 만든 책은 구입하신 서점에서 바꾸어 드립니다.
사계절출판사는 성장의 의미를 생각합니다. 사계절출판사는 독자 여러분의 의견에 늘 귀 기울이고 있습니다.
이 책은 저작권법에 따라 보호받는 저작물이므로 무단전재와 복제를 금합니다.

ISBN 978-89-5828-413-0 73360
ISBN 978-89-5828-770-4 (세트)